アリスの奇跡

ホロコーストを生きたピアニスト

キャロライン・ステシンジャー：著

谷口由美子：訳

Alice Herz-Sommer

A CENTURY of WISDOM
by
Caroline Stoessinger

This translation published by arrangement with
Spiegel & Grau, an imprint of The Random House Publishing Group,
A division of Random House, Inc. through
The English Agency (Japan) Ltd.

上左：プラハのドイツ音楽院で弾いているアリス、1922 年。
上右：イスラエルへ移住する前のアリス、1949 年頃。
下：アリスのデビュー・コンサートの宣伝用写真。チェコ・フィルとショパンのピア奏曲ホ短調を弾いた。1924 年。(Courtesy of Alice Herz - Sommer)

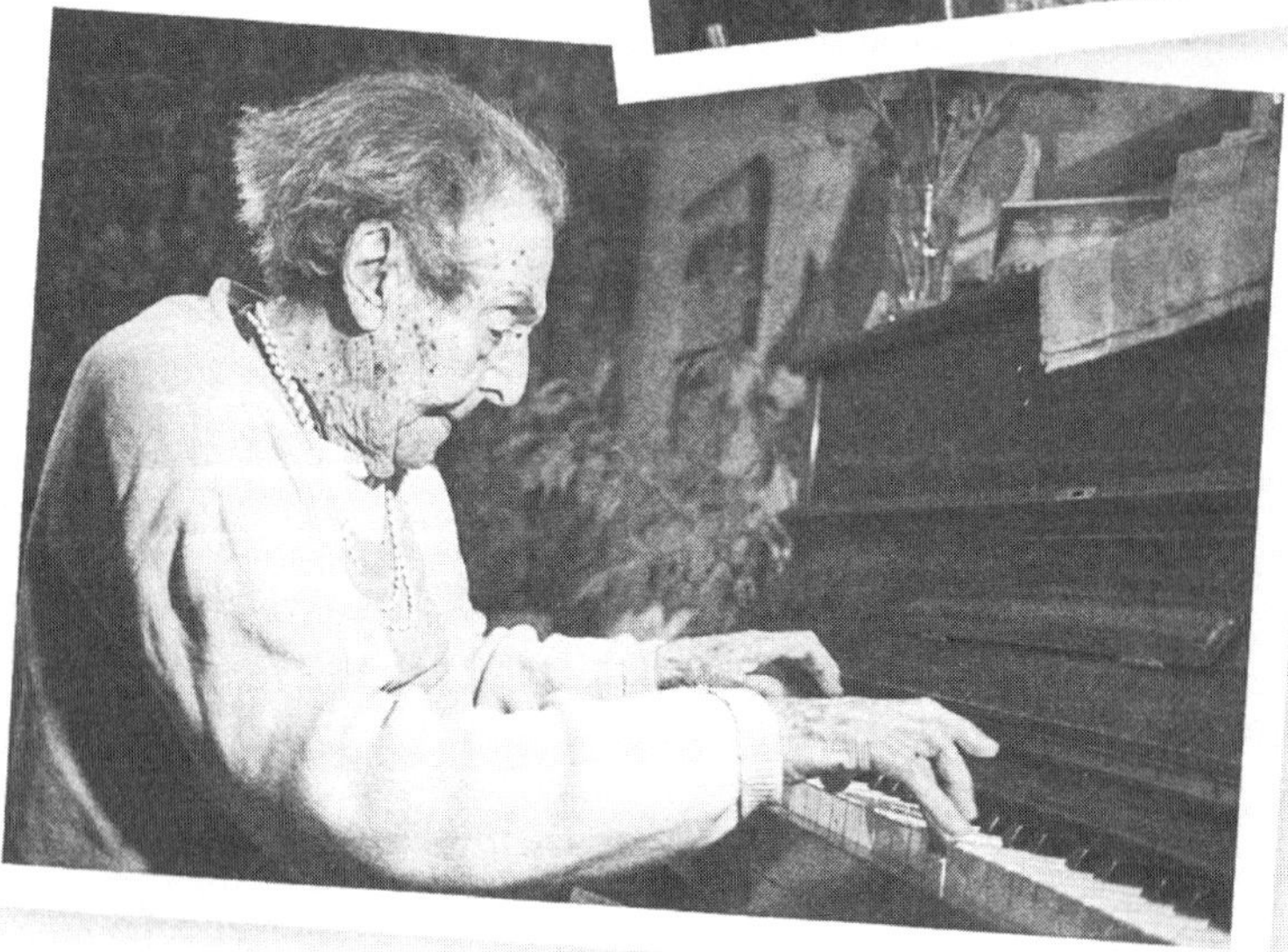

108歳頃のアリス。ロンドンの自室の６号室にて。
(Photographs by Yuri Dojc)

娘アンナへ

もはや前も後ろも見るつもりはない
そこに希望や恐れをさがしはしない
だが　良きものがあれば受け入れる
今　ここにある　すばらしいものを

ジョン・グリーンリーフ・ホイッティア（1859年）

日本の読者のみなさんへ

　年齢を重ねた知恵者を敬う日本のみなさん、そんなみなさんに言葉を贈るのはおこがましいと思うのですが、ひとこと書かせてください。本書の主人公、アリスは、二〇一四年二月二十三日に、百十歳で亡くなりました。たった一日の入院で、しかも、入院する日の夜まで、大好きなピアノでバッハやショパンの曲を練習していました。最後までアリスは心穏やかであり、自分のことを「世界で最も幸せな人間のひとり」だと言っていました。入院をいやがったほどで、「練習しなくちゃ」と言い続けていました。アリスは生きることに執着し、最期の息を引き取るまでしっかり生き抜きました。

　ウォール・ストリート・ジャーナル紙は、本書を「人生を良く生きるための手引き」であると評してくれました。アリスはわたしの人生を変えてくれた人です。きっとみなさんの人生観にも大きな影響を与えてくれるに違いありません。実は、最後の楽章を書いていたとき、わたしの娘、アンナ・エリザベスが初期の胃がんを宣告されました。医者は、胃の全摘と、食道の一部の切除を勧めました。大きなショックでした。わたしは早速アリスに電話をしました。そのとき、百八歳のアリスはわたしにこう言いました。

「最高の医者にかかりなさい」

わたしが、娘はアメリカ一のがん研究センターに入院していると伝えると、「それならよかった」とアリスは言い、さらにこう続けました。

「娘さんにできることは生きること、それしかありません。あなたはどんなときも、娘さんにそれを伝えるようにしなくてはなりませんよ。今、書いているその本を仕上げ、演奏会を開き、仕事を続け、常にほほえみを絶やさず、あなたが恐れている姿を決して娘さんに見せてはいけません。娘さんの回復をあなたが確信していることが、娘さんにとって何よりの励ましになるのですから、泣いてはいけません。ぜったいに涙を見せてはいけませんよ」

そのときから、わたしは変わったのです。これまで感じたことのない力強い復活のパワーをもらった気持ちでした。娘アンナはわたしにききました。

「お母さん、あたし、生きられると思う？」

わたしは少しもあわてず、自信を持って答えました。

「当たり前じゃないの。あなたは生きるのよ」

自分には得られないものを望むより、自分の持っているものに満足し、幸せを感じるアリス、生きることをいとおしみ、常に赦す心を持ち、生きることを神秘の業《わざ》と考え、その中に美を見いだし、緑の葉にも、ピンクの花にも、幼子の笑みにも、泣き顔にも、美しい歌にも、そして笑いにも、神の存在を見つけられるアリス、アリスという人は、そういうすばらしい女性でした。アリスはよく言ったものです。

「不平不満をこぼすのはおやめなさい。それで何が変わるものですか。かえって、ほかの人をいやな気分にさせるだけです」

アリスは、わたしのヒロインであり、導き手であり、女神であり、友でした。ああ、アリスがいなくなって、ほんとうに悲しい……。けれど、アリスの明朗な精神と、明解な教えは、これからもずっと、わたしを励まし続けてくれるでしょう。

アリスに感謝を込めて

キャロライン・ステシンジャー

二〇一四年五月七日

序

『アリスの奇跡』は、年月を越え、国境を越えて、死に抗い、必死に生きて、わたしたちを鼓舞してくれたあるひとりの女性の、感動的な人生の旅路の物語です。中央ヨーロッパの美しい文化と、五十年あまりの間、チェコスロヴァキアをよその世界から閉め出してしまった、二十世紀最大の悲劇的な出来事、この対比するふたつの要素を背景にした、アリス・ヘルツ＝ゾマーの人生は、倫理的かつ精神的な、深く力強い示唆に満ち満ちています。彼女の思い出は、そのままわれわれの思い出なのです。彼女の苦悩を通し、われわれはあの暗黒時代を思い起こします。彼女が示した生き様を知って、われわれは奮い立ち、自身にとっていちばん大事なものを見つけようという気持ちになるのです。

百八歳のアリスは、嬉々として、われわれに偉大な思想家たちの話をしてくれます。グスタフ・マーラーからジークムント・フロイトやヴィクトル・フランクル、マルティン・ブーバーからレオ・

ベックまで。決して消えることのない強い印象を残してくれた人びとです。ピアニストであり教師でもあったアリスは、音楽によって、数え切れないほどの教え子たち、子どもたち、そのまた子どもたちに大きな影響を与えてきました——その才能をもって、テレジエンシュタットの強制収容所で、仲間たちの心を慰めてきたと同じように。戦中時代から、アリスは教師であり、生徒でもありました。どちらが主要とも言えないほどでした。彼女は智を求め、われわれを人間として、社会の一員として、そして個人として理解しようとし、疲れを知りません。そうすることで、生きるバランスをとってきたのです。アリスは言いました。

「わたしは決して希望を捨てない」と。

これはわたしの気持ちにぴったり符合します。希望とは、人生を意味があると感じさせるものですし、そう感じられる間は、生きていく理由を持てるのです。アリスの途方もない楽観主義に、わたしはたいそう刺激を受けています。彼女がここまで生きてきたのは、世界の人びとに、悪に立ち向かって知った人生の真実と美の物語——それはとりもなおさず、われわれの物語でもありますが——それを知らせるためなのだと、わたしは信じています。今日のアリスから学ぶのはわれわれだけではなく、未来の世代の人びとも、さまざまな色に彩られた分厚い織物のような彼女の人生から、智と希望を汲みとることができるでしょう。

ヴァーツラフ・ハヴェル
（チェコ共和国初代大統領）

アリスの奇跡——もくじ

アリスの奇跡——ホロコーストを生きたピアニスト

前奏曲

アリスは百八歳（二〇一一年）、ホロコーストの最高齢の生き残りであり、最高齢の世界有数のコンサート・ピアニストである。前世紀、つまり二十世紀をつぶさに見て生きぬき、今世紀の始めも見ているのだ。人間の行ないの良きも悪しきもすべて見てきた生き証人である。悪のカオスと、そこにほうりこまれてもがいている善とが混在する世界に生きたが、それでもなお、顔を上げ、ほほえみをたたえて生き抜いてきた。子どもの頃の楽観主義は健在だ。

テレジエンシュタット強制収容所に何年も収容され、ナチによって、母、夫、友人たちを殺されたにもかかわらず、アリスは誇り高く、したたかに生き残り、現在も高らかに生きている。自分を抑圧した者たちへの憎しみや怒りや、家族を殺戮されたことへの苦しみにくれている時間など持たない。憎悪は、憎まれる者よりも、憎む本人の心を蝕むことを知っているからだ。アリスは言う。

「わたしは命あることをありがたく思っている。命こそ、最高の贈りものなのだから」

本書『アリスの奇跡』は、ひとりの女性が、その生涯において、途方もない悪と苦しみに敢然と立ち向かって、世界の人びとにすばらしい贈りものをしたいという決意のあらわれた物語である。このアリスの物語には、二十一世紀を生きるわたしたちにとって、すばらしい教えが詰まっている。それこそが、アリスからの贈りものなのだ。


アリスの名字は〝ヘルツ＝ゾマー〟という。「真夏」という意味なのだが、彼女が生まれたのは、つきさすように寒い日だった。一九〇三年十一月二十六日、アリスはプラハで生を受けた。両親のフリードリッヒ・ヘルツとゾフィー・ヘルツがアリスという名前をつけたのは、〝気高い者〟という意味があるからだった。父は成功を手にした商人であり、母は高い教育のある女性で、著名な芸術家や作家たちとの交流が多くあった。たとえば、グスタフ・マーラー、ライナー・マリア・リルケ、トーマス・マン、シュテファン・ツヴァイク、フランツ・カフカなどである。

アリスは平和な、おだやかな環境でのびのびと育った。読書やコンサート通いが、一家の大きな楽しみだった。病気のときは隣人同士で助け合った。興味のわいたことを追求したり、退職後の生活を想像したりできる幸運な環境にあった。第二次大戦前までは、アリスは有名なコンサート・ピアニストになるべく精進し、その夢は叶いそうに見えた。母は音楽を愛し、造詣も深かっただけでなく、マーラーとの親交もあったので、アリスは大いに啓発された。そこで、幼い頃からピアニストを目指すようになったのである。アリスは、四歳の誕生日の二日前のことをよく覚えている。母につれられて汽車でウィーンへ行き、マーラーがホーフオパー（宮廷歌劇場）管弦楽団で、自身の作曲した交響曲第二番を指揮した、最後のコンサートを聴いたのだ。一九〇七年十一月二十四日のことだった。アリスは、コンサートのあとで母が作曲者と話をし、そのあとで自分も「グスタフ・マーラーと言葉を交わした」と語ってくれた。そう言うと、天才を目の前にしたときの驚きの様子を再現して、唇をきゅっと丸めこみ、肩をひょいとすくめた。おそらくアリスはずっと母と一緒にいて、母はアルノルト・シェーンベルクと並んで群衆の中に立ち、コンサートの翌朝、マーラーが乗った汽車がウィーンを離れるときに、手を振って見送っていたのだろう。

それから何年もたち、アルトゥール・シュナーベルのオーディションを受けたあと、アリスは、ピアニストとしてやっていけるという自信を持った。その頃、アリスはソロ・ピアニストとして、チェコ・フィルハーモニー管弦楽団としばしば共演していたし、コマーシャルの録音をいくつもこなしていた。プラハのドイツ語新聞「プラハ・タークブラット」や、カフカの友人で彼の伝記を書いたマックス・ブロートからも、華々しい賞賛を得ていたのである。

ところが、アリスをとりまく世界が突然狂いはじめた。チェコの法律がすべて無効になってしまったのだ。町はナチの旗で埋め尽くされた。アリスは、〝ユダヤ人立ち入り禁止〟の立て札の前で三歳の息子の写真を大急ぎで撮った。息子はもはや、この先にある大好きな公園に行かれなくなってしまったのだ。一九三八年三月のナチのドイツによる併合のあと、アリスの姉妹や親戚家族はみな、あわててパレスティナへ移住するしたくを始めた。だが、アリスと夫は、幼い息子とともにプラハに残って、年老いた母の面倒を見ることにした。しかし、その母が真っ先にテレジエンシュタットに送られてしまう。母が、重たいリュックを背負って、ナチが人びとを収容するために没収した巨大な建物にとぼとぼ歩いて入っていくのを見て、アリスは、もう二度と母に会えないことを直感した。「焚書をするところでは、いずれ人間も焼き殺される」†とは、一世紀前にハインリッヒ・ハイネが言ったことだった。しかし、まだ当時の人びとはだれも、そんな不吉な予言を信じていなかった。

ラフィ、“ユダヤ人立ち入り禁止”の立て札の前で

一九三九年の初め頃には、チェコスロヴァキアの軍隊と政府は、大統領のエドヴァルト・ベネシュともどもイギリスへ逃亡してしまった。イギリスでは、子どもたちが名札をつけられて汽車に詰め込まれ、知らない土地へ送られていた。民主的な世界など無いも同然だった。イギリス大使館は閉鎖され、アメリカ人はチェコを去っていった。ナチの軍隊は、マシンガンを持っ

て通りをパトロールしていた。ロンドンへ向かった最後の汽車には、三百人以上ものユダヤ人の子どもたちが乗っていたが、駅に着いたあと、姿を消した。ほとんどの子どもたちは永遠に消えてしまったのだった。

一九四三年七月、アリスと、アマチュアでヴァイオリンを弾くビジネスマンの夫レオポルト・ゾマーと、六歳の息子ラファエル（愛称ラフィ）†は、テレジエンシュタットへ送られると知らされた。アリスはそこで母ゾフィーに会えると期待したが、母はすでにはるか東方へ送られていた。おそらくトレブリンカだったろう。

テレジエンシュタットは普通の強制収容所とは少し違っていた。外側から見ると、ただの混み合った小さな町だ。大勢の人びとが行き交い、音楽も流れていた。これはヒトラーの戦略のひとつだった。ヒトラーはテレジエンシュタットを、ユダヤ人の著名な音楽家、作家、芸術家、そして年配者たちが戦乱を免れるようにした場所であると喧伝した。しかし実のところ、ここはガードの堅いゲットー（ユダヤ人強制居住区域）であり、アウシュビッツや、その他東ヨーロッパに散らばるナチの殺戮拠点への通過地だったのだ。塀の中にいたのは、チェコスロヴァキア、オーストリア、オランダ、デンマークから集められた才能豊かな人びとや、知識階級だった。ドイツでは人びとが、ひっきりなしの飢え、寒さ、伝染病、苦しみ、そして死にさいなまれていた。テレジエンシュタットに収容された十五万六千人のユダヤ人のうち、生き残ったのはたった一万七千五百人だった。一九四二年から一九四五年の間に、一万五千人以上のユダヤ人の子どもたちがまとめてテレジエンシュタットへ送られた。生き残ったのは百人ほど、その中にラフィもいた。

とはいえ、ほかの収容所に比べ、このテレジエンシュタットには普通の生活の雰囲気があった。恐怖や窮乏の中で、音楽家は練習をし、俳優は演技をし、教授は講義をし、画家は絵を描いた。友だちはジョークをかわしあった。やがてナチは、これらの人びとの音楽や演技をプロパガンダに使うよう命令した。しかし、ナチが気づかなかったのは、コンサートを開くことで、聴く人も演奏する人も生き延びる力を得たということだった。

アリス・ヘルツ゠ゾマーにとってもそれが言えた。アリスはここで、大勢の仲間たちのために百回以上も演奏をし、ひそかに収容所の子どもたちにピアノを教えてもいたのだった。

＊　＊　＊

一九四五年五月八日、ソビエト軍がテレジエンシュタットの人びとを解放したあと、アリスとラフィはプラハに戻ったが、自分たちのアパートメントに知らない人たちが住んでいるのを知って、愕然とした。資産もなく、助けてくれる知り合いもいなかったので、アリスはある決断をした。一九四九年に、イスラエルへ移住したのである。そこでアリスは、姉妹や、その家族や、友人たちにめぐり会うことができた。マックス・ブロートもその中にいた。こうして、アリスは四十五歳にして新しい生活のスタートを切り、ヘブライ語を学んだ。エルサレム音楽院（のちにルービン音楽院と改名）で教え、ラフィを育てながら、生活費を稼いだ。しかし、イスラエルで演奏活動を続け、その後、時々ヨーロッパで演奏をしたかったにもかかわらず、アリスはかつての国際的な名声を取り戻せなかった。収容所での長い隠遁生活によって、生活費を稼ぎ、息子を育てることが最重要課題となり、時間もパワーも奪われてしまったからだった。

息子ラフィは、長じてチェリストとして成功した。八十三歳のとき、アリスは再び住む国を変えた。息子の住むイギリスのロンドンへ移住したのである。ところがその数年後、アリスを最大の悲劇が襲った。息子が六十四歳で突然亡くなったのだ。

わたし（筆者）は、アリスの生涯を描くドキュメンタリー番組（第八十六回アカデミー賞の短編ドキュメンタリー部門賞を受賞した「六号室の女性」）を作るため、ロンドンのアリスの家で本人に会った。長年、わたしはピアニストとして、ホロコースト（ユダヤ人大虐殺）に関する音楽に情熱を傾けていた。特に、わたしの夫が祖父母を失ったテレジエンシュタットのゲットーでの音楽家の活動に興味があった。あのような殺伐とした環境で、どうやってコンサートを開いたり、作曲したりすることができたのだろう？　わたしはアリスのことを、テレジエンシュタットの生き残りの人びとから聞いていた。また、アメリカに亡命したチェコの音楽家ヨザ・カラスが一九七〇年代にアリスにインタビューした、数時間にわたるテープ録音も聞いていた。

あの九・一一事件についてたずねたところ、アリスは言った。

「もちろん、あれは恐ろしい事件でした。でも、どうしてそんなにうろたえるのですか？　先史以来、この世の中には善と悪が混在しています。それにどう対処するかが何よりも大切なのです」

　アリスはカラカラと笑った。そのとき、わたしは当惑したのだが、まもなくわかったのは、そういう笑いこそが、アリスが自分の言葉を強調するときのやり方だったのだ。わたしをやさしくたしなめるように、アリスは続けた。

「すばらしいじゃありませんか。あなたは飛行機でほんの数時間でアメリカからロンドンまでいらしたんですよ。そして、わたしたちはこうして座って、おしゃべりができるのです。わたしたちは生きています。音楽もあります。あなたはわたしと同じピアニストですから、心豊かな人です。だれもわたしたちのこんな幸運を壊せませんよ」

　そして、アリスは、ジョン・フレデリック・ケネディ大統領の暗殺事件のあと、レナード・バーンスタインが言った言葉を思い出させてくれた。

「暴力に対するわたしたちの答えは、音楽です。わたしたちは、これまで以上に、美しく、真剣に、情熱的に音楽をするつもりです†」

　すでに四半世紀以上も、アリスは公の場で演奏をしていなかったが、音楽に対する態度は一貫して真摯だった。バッハ、ベートーヴェン、ショパン、シューベルト――アリスはすべて記憶に頼って弾くのだが――を、毎日少なくとも三時間は弾く。また、自宅を訪れるプロの演奏家たちと室内楽を楽しんだ。使う言語はさまざまだったが、アリスは楽々とそれをこなす。ドイツ語が最初に習った言語だが、二番目はチェコ語だった。それだけでなく、英語、フランス語、そしてヘブライ語までアリスは使いこなせる。

アリスはひとり暮らしだった。しかし、寂しくはない。すべてを持っていたが、何も持っていなかった――魂の自由を持ち、いわゆるモノは何も持っていなかった。アリスの心の蓄えは価値がつけられないほど貴重で豊かだ。モノといえば、着古した服と、アンティークのテレビと、使い古しのビデオ・プレイヤーと、写真がいくらか、そして、無くてはならないアップライトのピアノだけだった。

顔は年齢じわでいっぱいだし、エルサレム時代に太陽にさらされてしみだらけだ。しかし、アリスのほほえみは、なんといってもいちばんのチャームポイントだ。心の深いところからわきあがってくるようなそのほほえみは、人を迎えるとぱあっと輝きだし、暖かいもてなしの色でぽっと頬が染まる。アリスは笑い、たちまち「なあに、どうしたの、いいから言ってごらんなさい」というような顔になる。たくさんの思い出に、長年の間に培った「なんでもわかっているのよ」という優しさがまぶされて、アリスの顔は輝きわたる。

毎日、アリスは長い散歩をする。転ばないように、ゆっくり、注意深く、スニーカーで歩く。歩行器も使わず、補聴器もいらない。つい最近まで、アリスは歴史と哲学を、成人大学で学んで

アリス・ヘルツ＝ゾマー、107 歳の誕生日に

いた。それをアリスは、まるで「奇跡みたいにすばらしい」と言うのだ。

本書『アリスの奇跡』は、二〇〇四年から、二〇一一年までにわたしが何時間にもわたってかわした会話や、インタビューしたテープによって掘り起こされたアリスの思い出をもとに書いたものである。アリスを知ることは、一世紀以上を生きぬいたある女性の目を通して、世界を新しく見つめ直すことにほかならない。とにかく、今日でもアリスはかたくななまでに独立独歩であり、平均寿命をはるかに越えているにもかかわらず、はてしなく楽観的である。彼女の好奇心と情熱的なパワーは、彼女に会える幸運な人びとに大いなる刺激を与えてくれる。哲学を学ぶ学生として、彼女は偉大な哲学者たちの教えを実践してきた。彼女にとって何より重要な教えは、古代ギリシャのストア派の学者、エピクテトスの言葉だ。

「賢きは、持たざるものを欲しがって悲しむ者ではなく、おのれが持っているものをありがたいと思う者である」[†]

わたしも、アリスから数え切れないほどのことを学んだ。高齢者だからこそ、見晴らしがきくようになり、落ち着きと彼女らしい明晰さをもって、人間の失敗も成功も見ることができるのだ。子どもの頃に学んだ楽観主義と、人間の価値への深い理解力が、アリスの命のリズムを司り、一世紀以上もの生命を与えているのだ。彼女の物語は、わたしたちがこれからさらに豊かな生を生きるための教えの書となるだろう。それが、いつまでも若く生きることへの示唆であることに間違いはない。

第1楽章　アリスとフランツ・カフカ

八歳のアリスが庭の門の掛け金をはずすと、背の高い、やせた青年が入ってきた。初めて目にする人だ。それは、いずれ二十世紀の偉大な作家として知られるようになる男性だった。彼の名はフランツ・カフカ、アリスがフランツおじさんと呼ぶようになる人である。カフカは小さな馬車に乗って、色とりどりの花が入った花束を、アリスの母に持ってきてくれたのだった。だが、日にあたって、花がすっかりしおれてしまった。カフカは馬車をとめ、地面に落ちたリンゴを馬に食べさせてやった。アリスは当時の思い出をこう語る。

「おじさんは花のことを謝りました。でも、謝ったのは、花がしおれたことではありません。花の色数の多さです。店先にあまりたくさんの色の花があったために、どの色にしようか決められなかったのです」

アリスには兄がふたりいた。ゲオルクとパウルだ。それから、十二歳年上の姉イルマと、アリスと双子のマリアンヌ（愛称ミッツィ）がいた。イルマはフェリックス（フリッツ）・ヴェルチという、外向的な哲学者と婚約していた。彼はプラハ・カレル大学で法律を学んでいたときにカフカと知り合っていた。ふたりとも法律を職業とすることをよしとせず、同じ保険会社で働き、意気投合した。その仕事をやめたのち、ヴェルチはふたつめの博士号を哲学でとろうとし、カフカは作家活動をして、作品を発表しはじめた。そして、マックス・ブロートとオスカー・バウムと共に、〝プラハの四人〟という作家グループを結成した。のちに彼らは、当時まだ十代だったフランツ・ヴェルフェルとも親交を持った。

従って、ヴェルチが親友カフカを、将来を約束した女性の家族に紹介したのは、ごく自然なりゆきだった。

「カフカはよくうちへやってきました」と、アリスは言った。カフカは文学と音楽の香り豊かなヘルツ家ですっかりくつろぎ、日曜日の夕食をよくともにするようになった。「カフカはうちの家族のようなものでした」

出自がユダヤ人のカフカはずっと生きにくさを感じていたのだが、ドイツ生まれのユダヤ人であるヘルツ家の人びとが、明るく、暖かく彼を迎えてくれたことに、安心感を覚えていた。その生涯を通じて、カフカはユダヤの伝統に関して中立の立場をとっていた。ユダヤの価値観を持って暮らしつつも、バルミツヴァ（ユダヤ教の成人式）は別として、ユダヤの宗教的儀式には固執しなかった。世に出たとき、彼は、ヨーロッパのブルジョワのひとりとして多くの人びとや友人と付き合った。マナーは完璧だったし、服装もぬかりなかった。そもそも、カフカがラフな格好をしている写真はほとんどない。子どもの頃のアリスは、ちょっとした外出やピクニックのとき、どうしてカフカは仕事に行くときのような、堅苦しい格好をしているのだろうと思ったものだ。

観察力の鋭いアリスは、たちまちカフカの人柄を理解し、彼の行動を受け入れた。決めた時間に遅れがち、忘れっぽい、道に迷う——しかし、そういうときには必ず、わざわざ謝りに来るのだった。そんなに謝ることはないのにとアリスが思うほどだった。まるで、食べているものにも謝り、ただ生きていることをさえ申し訳ないと思っているかのようだった。しかし、謝りの言葉を発したあとは、愉快な人物となり、子どもたちの面倒をよく見てくれた。夏になると、水泳が好きなカフカは、カレル橋の下でパーティを開いた。アリスとミッツィはよく招待されて、イルマと婚約者とともに参加したものだ。カフカに会うずっと前からアリスは水泳が得意だったので、ヴルタヴァ川（モルダウ川）を渡る競争もなんなくこなした。

カフカの思い出でアリスがいちばん大事にしているのは、ばあやが休みをとっていた、雲ひとつない夏の日に、カフカがいきなりアリスの夏の家へやってきたことだ。アリスとミッツィは狂喜し、そわそわした。近くの森や川へピクニックに行きたくなった。カフカは、あたりの田園地帯を散歩しようと持ちかけた。母ゾフィーはしかたなく行くことを許した。こうしてカフカは、アリスとミッツィをお供に、愉快な一日の冒険に出発した。カフカの脚は速い。虚弱な体を鍛えるためにスポーツをしていたからだ。小さなふたりの少女は必死でついていった。しかし、一キロ半ばかり歩くともうペースが落ちてしまい、休憩をとらなければならなくなった。カフカは丸太を見つけ、そのベンチにふたりを座らせ、自分は木の切り株に座った。腰をかけたまま、カフカはふたりに、想像上のおもしろい動物の話をして聞かせた。ふたりが笑えば笑うほど、カフカは調子に乗って、どんどん想像をふくらませていった。一時間ほどしてから、カフカは〝魔法のサンドイッチと魔法瓶に入ったお茶をとりだした。これは、半分クマで半分ヤギの体をした不思議な、目に見えない動物が森においていったものだと言った。未来の大作家も、子どもたちと同じように、大いにピクニックを楽しんでいた。

アリスが思い出すカフカはいつも、〝永遠の子ども〟だった。

九歳のときから、アリスは母の横に座っては、カフカが今書いている本や、これから書きたい本について延々としゃべっているのを聞いていた。母はこの作家の才能に魅了されていた。不幸せな見合い結婚の暮らしから気持ちをそらせてくれたのは、文学や音楽だったからである。母ゾフィーが特に惹きつけられたのは、カフカの作品の冒頭の文だった。それは実にモダンであり、二十世紀初めの作品としては、革命的に新しかった。彼の小説『審判』の冒頭はこう始まる。

「だれかがヨーゼフ・Kを虚偽告発したに違いない。なぜなら、何も悪いことをしていないのに、彼は逮捕されてしまったのだから†」

『変身』はこう始まる。

「ある朝、グレゴール・ザムザはいやな夢から覚め、ベッドにいる自分が恐ろしい毒虫に変身しているのに気がついた†」

『城』は、「Kがやってきたのは、夕方近い頃だった†」と始めて、読者をひきつける。

アリスはカフカにお話をしてと何度も頼んだものだ。そしていつも結末を知りたがった。ところが、カフカはそれには答えられなかった。彼自身もまだ終わりまで到達していなかったからだ。のちに彼は書く。

「わたしはほんとうに優柔不断な男だ。よく知っていることは何もない。だが、何かがわたしの心に舞い降りると、わたしはただもうそれに入れ込んでしまう。心ここにあらずになり、数え切れないほどのくだらないことをくよくよ考えて、へとへとになるのだ†」

アリスと母はカフカにたずねたことがある。法律家になりたくなかったのに、なぜ法学部で勉強して、弁護士になったのかと。彼の答えは単純だった。何を学んだらいいかわからなかったから、と言うのだ。それをさらにはっきりあらわしているのは、彼がリヒャルト・ロウイ法律事務所をやめたときのことを書いた言葉だった。

「わたしは、法の世界でずっと働くつもりなど初めからまったくなかった。一九〇六年十月一日、わたしは事務所で働きはじめ、翌一九〇七年十月一日にやめた†」

ある年のこと、カフカはヘルツ家の人びとと共に過越《すぎこ》しの祭を祝った。そういう伝統行事にはそっぽを向いていたのだが、アリスの親族と一緒に祝った過越しの祭は、とても楽しい家族の集いだと思った。過越しの祭は実家でも行なわれていた。ユダヤの伝統にのっとった毎年恒例のお祝いで、父の偽善的な態度をカフカは軽蔑していた。しかしヘルツ家ではカフカは寛容な態度をとり、ヘルツ家のやり方を受け入れたのだ。「父への手紙」の中でカフカは書いている。

「わたしは、なぜあなたがユダヤ教へのちまちましたこだわりのために、わたしを非難するのか、わかりません……†一年にたった四日間しか、あなたはシナゴーグへ行きません……しかもあなたは、ユダヤ教をまじめに信仰している人たちより、無関心な人びとと親しくしていたではありませんか」

祝日には、ゾフィーの教母で、同居しているファニーが台所を預かり、伝統ある過越しの祭を祝うために最善を尽くした。メイドの助けを借りて、ファニーはユダヤの掟に従ってこしらえたチキン・スープと、やはりこの祝いのときにパンの替わりに食べることになっているマツォーボールと、やわらかい牛の胸肉を用意した。祝日の数日前には、イーストを使って作ったパンやペストリーの残りをすべて廃棄し、料理道具や、皿や、ガラス器を沸騰した湯で消毒した。ゾフィーと子どもたちは、家の大掃除を手伝った。銀器も磨き、いちばん上等のテーブルクロスやナプキンを出した。アリスがせっせと熱心に働いたので、母と祖母は目を細めた。

ふだんは相当な節約家の父も、このときばかりは家を開放し、ユダヤ伝統の休日のために、異教徒も、隣人も、知らない人も、貧しい人も受け入れた。工場の最年長の人を招待して、祝いの晩餐を共にした。一九一二年、おそらくカフカもいたことだろうが、その日の晩餐は、これまでの最大規模となった。家族とイルマの婚約者フェリックスのほか、カフカ、隣人たち、父の工場の人びと、そして作家のオスカー・バウムもいた。イルマはそっとアリスに耳打ちした。バウムは目が見えないけれど、特別扱いはしないように、と。かなりあとになってからだが、マックス・ブロートが伝記の中で、カフカが最初にバウムに出会ったときのことを書いている。それを読んだアリスは、姉のアドヴァイスは、自分が受けた、将来につながるすばらしい道徳教育だったのだと知った。ブロートがカフカとバウムをひきあわせると、カフカはその盲目の作家にごく普通な態度で接した。バウムは言った。

「いかにもカフカらしかった。ありきたりの親切より数段上の、人間味溢れた態度だった」†

アリスは、その年の祭に来た人をすべて覚えているわけではない。記憶にあるのは、雪のように真っ白な麻のナプキンをたたんだことだ。だからその晩、大勢の人が来たことはわかっているし、カフカが隣に座ってほしいと言ったのも覚えている。

お客たちに過越しの祭の由来などが書いてあるユダヤ伝説の小冊子を配るのは、アリスとミッツィの役目だった。正統派ユダヤ教の教えを受けて育ったフリードリッヒ・ヘルツが、ドイツ語で書かれたその縮約版を読み、幼いアリスとミッツィが四つの質問を一緒に読んだ。父は、過越しの祭の古代からの意味を説明し、カフカはアリスたちが祝いの種なしパンさがしをするのを手伝ってくれた。そしてみんなで、古代の聖典のことば「今年はここにいるが、来年はエルサレムにいる」を声に出して読んだ。しかしだれも、カフカは例外だったかもしれないが、それから三十年もたたないうちに、安全な避難地がエルサレムだけになるとは思ってもいなかった。父が豊かなバリトンの声で、〈ダイエーヌ〉という、子どもたちが好きな過越しの祭の歌を先導して歌いはじめると、みんなが、カフカですら、一緒に歌い出した。やがて男たちは居間へ移って、フランスのブランデーと葉巻を楽しむことになった。八歳のアリスはピアノを弾いてほしいと頼まれた。アリスは喜んで、ベートーヴェンの小品とショパンのワルツを弾いた。

カフカは常に恋に落ちていた。結婚を夢見ているとはっきり言っていたにもかかわらず、自分をわかってくれる女性はいないとこぼしてばかりいた。彼は日記に書く。

「ぼくが望むような理解のある人、たとえば女性、そういう人がいさえすれば……ぼくは神をいただいたようなものだ†」

彼はクリスタルのシャンデリアを欲しがるような女性を妻にしたいなどとは思っていなかった。アリスは、カフカが「あのけばけばしいドイツの家具」と言っていたのを覚えている。しかし、アリスと母は、結局カフカは結婚の決断ができないだろうとわかっていた。カフカはみんなに、フェリーツェ・バウアーを婚約者として紹介したが、すぐに婚約を解消し、もう一度彼女と婚約した。ところが、それから三週間もたたないうちに、また気が変わってしまった。カフカを慰めようと、アリスの母はカフカに言った。あなたは、ベートーヴェンやブラームスと同じような芸術家だから、ひとりの女性のためだけに生きるのではなく、世界の人びとのために生きればいいのだ、と。

そのあとで、ドーラが登場したのだった。アリスも母も、この二十一歳のドーラ・ディアマントは、カフカの人生にあらわれた、これまでとは違う、存在感のある女性だと思った。アリスの母は、カフカがドーラには自分の本心が投影されているのを知り、ドーラと結婚すればいいと願った。当時を思い起こしてアリスは、母の直感は正しかったと思う。カフカはドーラの独立心や、母性的な優しさに惹かれていた。夏のキャンプの台所で、ドーラが魚のうろこをとったり、おなかをきれいにしているのを見て、カフカはぞっとしたように言った。

「あんなに美しい手を血まみれにして†」

そう言われてドーラは当惑した。ブロートはそのときのことをこう書く。

「これがカフカとドーラ・ディアマントの友情の始まりだった。生涯続く仲間としての絆ができた†」

カフカの母と同じく、ドーラも正統派ユダヤ教の環境で育った。しかし、カフカと同様、ドーラも家族の敷いたレールの上を走らず、それから逃れたのだ。カフカは一八九六年、自分のバルミツヴァのときに苦い思いを味わったので、それ以来自分は無神論者であり、社会主義者であると言っていた。ドーラの家族は、ドーラに早く結婚して、妻となり、母となってほしいと願っていた。ドーラは事実上、家出をしてベルリンへ行き、勉強をして、幼稚園の先生になった。シオニズムに傾倒し、カフカに共鳴してイディッシュ文学に興味を持った。やがて、彼女の影響を受けて、カフカもタルムード（ユダヤの律法とその解説書）に魅了された。そして、彼女とカフカがベルリンで生活を共にするようになったとき、ふたりは、これが終の棲家パレスティナへの第一歩だと言ったものだ。

ドーラがカフカを心底愛しているのは間違いなかった。ふたりはお互いに一目惚れした。そのときカフカは四十歳、ドーラより十五歳も年上で、そのうえ、すでに結核に冒されていた。じきに病が嵩じて入院を余儀なくされたカフカは、ウィーン近くのキエリンクにあるサナトリウムに入った。ドーラがカフカの部屋に泊まり込んで、日夜世話をしているのを知って、アリスの母は大変心配した。それをアリスはよく覚えている。奇跡的にドーラは結核に感染しなかった。やがてカフカは体調が改善したらしく、明るい手紙をアリスの家族に送ってきた。しかし、ふたりの恋が始まったときから一年もたたないうちに、一九二四年六月三日、カフカは亡くなってしまった。やっと有名にならんとしていたときだった。

カフカの遺体はプラハに運ばれ、ストラスニチェの新しいユダヤ人墓地に埋葬された。アリスは家族のみんなと共に、墓地のチャペルで行なわれた葬儀に参列した。当時、アリスは二十一歳、いよいよこれからピアニストとしての華々しいキャリアをスタートさせようとしていた。

アリスがドーラに再び会うことになったのは、一九五〇年のイスラエルでだった。戦争が終わってすぐに、アリスはイスラエルに移住したのだった。ドーラはイギリスに住んでいた。スターリンのロシアと、ヒトラーのホロコーストから逃れてきたのだ。そして結婚し、娘を授かっていた。熱烈なシオニストだったドーラは、たった一度のイスラエル訪問で夢が叶った思いをした。再び、アリスとドーラとフェリックス・ヴェルチはカフカの思い出話に花を咲かせた。カフカが生きていたら、自分がこれほど有名になっていることを喜んだだろうか、恐れをなしただろうか？　そんな話もした。もし、あのとき死なずに生きていたら、ドーラと正式に結婚していただろうか？　自分をよくドーラ・カフカと言うドーラは、カフカの妻になる可能性はあったはずだとまだ思っていた。一方アリスは、カフカのことだからきっと、何かうまいことを考えついて、結婚を回避してしまっただろうと思うのだった。

カフカのこと、たとえばカフカがどんなにやさしくしてくれたかなどを話しだしたら、アリスはとまらなくなる。だがしかし、彼はなぜあんなにも優柔不断だったのだろう？　書いた本に結びがないのはなぜ？　それをアリスはずっと考え続けた。ブロートと話したり、カフカの作品をたくさん読んだりした。そしてアリスはひとつの結論にたどりついた。彼女が持っているどんなカフカ伝にも書かれていないことを。

アリスは言う。カフカの母は正統派ユダヤ教徒だった。ところが、非常に厳格な父は、カフカによれば、残酷で、俗っぽい人だった。無神論者だったと言えるかもしれない。カフカが母の信仰に従おうとすると、父を怒らせてしまう。母や祖先の信じる宗教を否定するのは、自分に生を授けてくれた母に申し訳ない。そこで、アリスはこう言うのだ。

「カフカは、自分の属するところもわからず、自分が何者かもはっきりせず、自分の将来の目標も見えませんでした。どちらを選んでも、両親のどちらかをがっかりさせることになるのです。これこそが彼の悩みのおおもとにあったのです」

今日の学者たちが、カフカの作品を〝カフカ流〟に議論しているのを知ったら、カフカはきっとおもしろがるだろう。アリスはそう思っている。彼の作品はユダヤ教やユダヤ人という彼の出自には無関係だと言う学者もいれば、完全にユダヤのものだと言う学者もいるからだ。

アリスはどちらの主張もある程度はあたっていると思うのだ。

間奏曲

エメラルドの指輪

「彼は美しい男性ではありませんでした――ハンサムではなかったということです」と、アリスは思い出す。「だけど、ああ、なんて魅力的な人だったことか。女の人たちはみんな夢中になりました」

アリスが言っているのは、カフカの親友で、伝記作者だったマックス・ブロートのことである。アリスとブロートはプラハで知り合った。ブロートはアリスの最初のコンサートを聞いて熱狂的な評を書いた。そしてアリスの家族とも親しくなった。ふたりが再び出会ったのは、一九四九年にアリスがイスラエルへ移住したあとのことだった。

プレイボーイのブロートは、その頃、アニーという、赤毛の若いロシア女性にいれあげていた。そして、この美人がアリスの卓越したレッスンを受ければ、ピアノの腕がさらにあがるだろうと考えた。ブロートは大事な友人であり、プラハ時代の数少ない知人のひとりだったので、アリスは夕イトなスケジュールに、この到底見込みのなさそうな生徒を無理矢理はめこんだ。

二回目のレッスン中に、電話が鳴った。ブロートだった。

「彼女、まだいますか?」彼はせかせかと言った。「緑色の指輪をしていますか? 彼女にエメラルドの指輪を贈ったんだけど、それをちゃんとはめているか、確かめたくて」

アリスは急いでピアノのところへ戻り、美人の生徒の手を見た。彼女は指輪を回して、小さな石を内側に隠し、あたかも結婚指輪のように見せていた。あとでブロートが言うには、彼女の傷ついた心を癒すために指輪を贈ったのだが、それを彼女がレッスンにくる途中で売ってドラッグと交換していないか、不安だったのだそうだ。

このことで、アリスが思い出したことがある。兄パウルからきいたのだが、あるときブロートがカフカと一緒にプラハの高級売春宿へ行ったという話だ。

「変わるものはどんどん変わるが、変わらないものは決して変わらない」

ブロートは若かった頃とちっとも変わっていないのだ。アリスは肩をすくめ、にっこり笑って、レッスンを続けたのだった。

「わたしは人が好きです。どんな人でも好きです。人と話すのが好きなのです」

相手を引き込むようなほほえみをたたえて、唇を丸め込むと、アリスは言った。それから、しばし目を閉じた。何かいい言葉はないかとさがしているようだった。考えがまとまると、アリスは言った。

「わたしは人を集団ではなく個人として見たいのです。どんな男も、どんな女も、それぞれが物語を持っています。その個人の持っているいちばんすばらしいものを知るのが、わたしの楽しみです」

子どもの頃、プラハの通りをうろつき回っていたジプシー（ロマ）の子どもたちを見たそうだ。その話をアリスはしてくれた。五歳、六歳くらいのロマの子どもたちが、お金やチョコレートをちょうだいと近寄ってくるのを見ると、アリスの家族や親しい友人たちは、さっと通りの反対側へ移動したものだ。そういう子どもたちから離れなさい、とアリスはきつく言われていた。

「あの子らは汚いし、盗むからね」

「でも、あの子たちはわたしに笑いかけていたわ。おなかが空いていただけなのよ」

アリスは思わず手をのばそうとし、そのたびに母か父に腕をつかまれて、引き戻された。アリスは深く傷ついた。

のちに、アリスはドヴォルザークの〈ジプシーの歌〉のピアノ伴奏をしたことがある。ドヴォルザークが、愛するロマの活き活きした民族音楽をもとに作曲したものだ。伴奏するたびに、アリスはあのときの子どもたちを思い出すのだった。自分がロマだったらどうだったろう？　祖国から追放されるというのは、どんな気持ちなのだろう？　ところがアリスは、それを自分が直接体験することになるとは、思ってもいなかった。チェコの市民権をいきなり理由もなく剥奪されることになるなんて、予想さえしなかった。チェコスロヴァキアは、自由で民主的な国家であり、すべての人が平等の権利を持っていた。死刑などは、その言葉すらほとんど聞いたこともなかったのだ。

ヒトラーはロマを忌み嫌い、それ以上にユダヤ人を忌み嫌った。ドイツでヒトラーが台頭してきたとき、アリスのまわりの人びとは政治不安を口にするようになった。最初のうちは、ユダヤ人も異邦人も、ヒトラーの煽動的な発言や、ばかばかしい人種差別法や、戦争のほのめかしを真に受けていなかった。多くの人びとは、成熟した文化を持ち、階級意識が強く、大学教育を重んじるドイツ人が、ヒトラーのようなペテン師にひっかかるはずがないと思っていたのだ。高校すらまともに出ておらず、ドヤ街で暮らし、大学教育など無縁の男ではないか。ドイツの三十九の州を統一した、高等教育を受けたりっぱなオットー・フォン・ビスマルクという政治家を理想にかかげ、彼を尊敬しているドイツ国民が、国をヒトラーなどに任せるはずがない。ドイツ国民が、ヒトラーとその一派に国を牛耳らせるはずがないと思っていた周辺諸国の多くの人びとは、ナチ熱などすぐに冷めるだろうとたかをくくっていた。そして、まともな人びとのほとんどは、ヒトラーが滅ぼしたいと考えている人びとに出した約束や契約書などはうそっぱちだということに思い至りもしなかった。当時のイギリス、ヨーロッパ、アメリカには、チャーチルやローズヴェルトなど、影響力を持つ政治指導者たちが多くいたのだが、かえってそれが災いし、ヒトラーの恐ろしい力に気づいたときは、時すでに遅し、だったのである。一九三八年にドイツがオーストリアを併合し、ウィーン市民たちが歓迎ムードで鉤十字の旗を掲げたとき、楽観主義者たちはもはやその事実に目をつぶることができなくなった。ヨーロッパ在住のユダヤ人たちは安全な場所へ逃亡するために、必死でビザを申請しはじめた。

一九三八年、アリスは三十四歳、これ以上ないほどの幸せを享受していた。欲しいものはすべて手にしていたからだ。愛にあふれる結婚生活を送り、一年前に息子が生まれ、熱心なピアノの生徒たちに恵まれ、ピアニストとしての未来は輝くばかりだった。チェコ国民となっていた他のユダヤ人たちと同様、アリスも夫も、チェコの軍隊の庇護のもとで、比較的安全な暮らしをしていた。ドイツとの国境は険しい山地で、守りは堅固だった。数年ばかり熱心なシオニストとして活動していたアリスの友人マックス・ブロートは、アリスと姉たちとその家族に、パレスティナへ移住するようすすめはじめた。姉たちはブロートについていくことにしたが、アリスはどうしてもプラハに残りたいと思った。アリスも夫も、幼い息子連れで、外国で新しい暮らしを始めるのはつらいと考えたからだ。父は十年ほど前に心臓発作で亡くなっていたが、年老いた母は健康を害しており、今さら外国暮らしは無理なうえに、アリスの助けを必要としていた。兄ゲオルクは、賭け事や飲酒という退廃した生活の果てに、アル中で一九三一年に亡くなっていた。もうひとりの兄パウルはハンガリー人のカトリック教徒マリアと結婚したために、さまざまな人種法のせいで、定職に就くことができないでいた。パウルも妻も賭け事を好み、生活が不安定だった。さらに、アリスは依然として、祖国チェコを守るというイギリスとフランスの約束を信じていたのだ。

アリスの母は、財産を処分して、アリスの姉たちの家計を助けていた。アリスはといえば、貯金のかなりの部分をはたいて、ふたりの移住の費用にあてた。イギリスはパレスティナへの入植費として、ひとりあたり、現在の価値で言えば十万ドルを要求していた。

一九三八年九月二十九日、ヒトラーとの軍事衝突を避けるために、イギリスのネヴィル・チェンバレン首相とフランスのエドゥアール・ダラディエ首相は、ミュンヘンでヒトラーに会い、チェコとの条約を破棄した。そして、ヒトラーがチェコのズデーテンラントという、三百万人が住む広い領地を併合することを承認し、そのかわり、ヨーロッパの他の地域への侵攻はしないという約束をとりつけたのだった。歴史家たちのほとんどは、当時のチェコとフランスとイギリスの合同部隊ならば、装備の不十分なドイツ軍など楽に打ち負かせただろうと言う。ドイツ軍の戦車はプラハへ向かう途中で壊れてしまい、これ以上ヨーロッパ侵略をすることはできなかったろう。ところが、イギリスとフランスの首相はチェコの民主主義をヒトラーに売り渡し、チェンバレン首相は「名誉ある平和、われらが時代の平和†」をうちたてたと豪語した。しかし、チェコを犠牲にした不名誉な勝利宣言ははかなく消えた。翌日、十月一日、ヒトラーの軍隊はズデーテンラントに侵攻したのである。

一九三九年三月の雪の夜、マックス・ブロートとアリスの姉たちは家族とともに、プラハ発の最終列車に乗りこんだ。ドイツ軍侵攻の直前だった。イタリアのナポリまで行き、そこから船でパレスティナへ向かう予定だった。汽車はチェコを横断して、ズデーテンラントへ向かったが、夜中にドイツとの国境のチェコ側で汽車は止まった。ここはすでにドイツ軍の占領下だった。ナチの親衛隊が銃を構えて汽車を一両ずつ検分し、やっと汽車は動き出した。

翌日、三月十五日のこと、プラハでは相変わらず雪が激しく舞っていた。町はどんよりして、気味が悪いほど静まりかえっていた。ベネシュ大統領と、自由チェコ政府のメンバーはイギリスに亡命して活動し、チェコの軍隊と落下傘部隊はイギリス軍に参加していたため、チェコはまったく無防備だった。ヒトラーはナチの戦車とトラックに兵士を満載し、鉤十字の旗を掲げながら、やすやすとプラハに進軍してきた。チェコスロヴァキアはもはや存在しなかった。大ドイツの保護国となり、ナチ帝国が定めた、恐るべき人種政策の餌食になったのである。

プラハでは、女性たちが戦車を止めるために、雪の中に体を横たえたと言われる。もちろん、なんの役にもたたなかったが。涙を流しながら、チェコの国歌を歌う者たちもいた。そのニュースをアリスはラジオで聞いた。そのあと、町の中心の、ヴァーツラフ広場の近くにある友だちの家の窓から外を見てみた。次の日、アリスは群衆に混じって、ヒトラーが町に入ってくるところを見たのだった。そして、足早に三キロの道を歩いて家へ戻り、二歳の息子と遊んでやった。

今やアリスのまわりは、ユダヤ人を目の敵にしている人びとばかりだった。たとえ優しい友や隣人でも、自分の生活が危うくなるのを恐れて、アリスを避けるようになった。一九四一年、夫レオポルトはユダヤ人であることを理由に、貿易の仕事をくびになった。ラフィは、チェコの幼児学校に行くことを禁じられ、ユダヤ人でない子どもたちと遊ぶことができなくなった。ユダヤ人は、電話、ラジオ、また自転車も使うことはならなかった。すべてのユダヤ人は衣服に黄色い星を縫い付ける決まりになっていた。

しばらくの間は、アリスのユダヤ人でない生徒たちも、ナチの規則を無視し、レッスンに来てくれていたが、一週間ごとに、そういう抵抗が、生徒たちと先生のアリス双方を危険に向かわせるようになってきた。生徒たちはしかたなくアリスの元を去っていった。アリスの乏しい収入はますます乏しくなった。だが、残ったユダヤ人の生徒たちはいつもの時間に来て、アリスの暖かい励ましに慰めをもらっていたが、それも収容所へ送られるまでのことだった。

アリスの住んでいた建物にナチの数家族がやってきた。ラフィは四歳となり、上の階のアパートに住んでいた五歳のヨハン・ヘルマンと遊ぶようになった。ふたりはそれぞれ大事なおもちゃを貸しあって遊び、それぞれの母親たちが作ったスープを一緒に飲んだ。どちらもドイツ語をしゃべり、ショートパンツ姿で、ころころ太っていた。だが、遊ぶのは表の廊下だけで、相手の家には決して行かなかった。

昼にときどき、献身的な妻のヘルマン夫人は、もはや普通のチェコ人の手には入らない材料で、ことのほかいい匂いのするスープをこしらえながら、中庭でかくれんぼをしているふたりを見守っていた。雨の日は、階段の吹き抜けで、ふたりに本を読んでくれた。その間、アリスはピアノの練習をした。

ヘルマン氏はナチの党員で、プラハのゲシュタポ本部に公務員として派遣されてきたのだ。ナチの制服は着ていなかったが、アリスは自分たちが住んでいる建物の前で、ヘルマン氏がナチの将校に敬礼しているのを見たことがある。隣人たちはめったにヘルマン氏に会うことはなかった。夜間または早朝に出入りしていたからだ。

一九四一年、アドルフ・アイヒマンが、プラハで行なわれた秘密会議で部下に〝最終解決策〟を発表した。「ボヘミアとモラヴィアにいるユダヤ人たちを一時的な収容所へ送還する……テレジエンシュタットなら、五万から六万人を問題なくいちどきに収容できる。そこから、東部へ移動させるのだ†」

アリスの母とレオポルトの両親は、最初にテレジエンシュタットへ送られたチェコ生まれのユダヤ人の中に入っていた。一九四二年の初めのことだった。絶望にさいなまれて、アリスは母を集合センターへ送っていった。ふたりは別れの言葉をかわした。アリスは大群衆の中に消えていく母を見つめた。

「肩を落とし、後ろを振り向きもせずに歩いていく七十二歳の母の姿、あの姿を忘れることはできません。わたしは何もできなかった。まったく何も」アリスはつぶやいた。「わたしの人生における最も暗い時でした」

その頃、レオポルトはナチの監督のもとで、プラハのユダヤ評議会で働いていた。しかし、ナチの新しい法律によって、その仕事を無理矢理やめさせられたので、レオポルトは政治的に中道のベルギーで新しい会社を立ち上げようと考えた。会社が動きだしたら、家族でベルギーへ移住するつもりだった。ところが、一九四〇年五月十日、ヒトラーがベルギーに侵攻したため、その計画はおじゃんになった。レオポルトはただプラハに逃げ帰るしかなかった。ユダヤ評議会は、ユダヤ人であるレオポルトに、ひとつの仕事を提案した。レオポルトと仕事仲間はそれを受けるしかなかった。ゲシュタポの指令により、収容所へ送られるユダヤ人の名簿を作れというのである。この仕事を受ければ、レオポルトとアリスの名前を一時的に名簿から外すことはできるだろう。しかし、いずれはユダヤ評議会で働いている人たちも追放され、評議会が永遠に活動を終える日がくるだろう。一九四三年には、プラハからはほとんどのユダヤ人が姿を消してしまった。レオポルトとその家族が追放通知を受け取るのは時間の問題だった。レオポルトはそのことを、アリスになかなか言えないでいた。

その運命の手紙は、ごく普通の郵便で届けられた。一九四三年七月三日、ゾマー一家はテレジエンシュタット収容所へ送られるため、集合センターへの呼び出しを受けたのだった。

プラハにいられるのはあと二日だった。これをどうやってラフィに知らせようか？　アリスは悩んだ。とはいえ、こうなってもまだアリスは、絶望や落胆に身を任せるつもりはなかった。

一九四二年の初め、ユダヤ評議会はアリスに、テレジエンシュタットに収容されている同胞たちのためにコンサートを開いてほしいという話をしていた。アリスはそれを思って、自分を慰めた。

「コンサートができるなら、そんなにひどい状況ではないんじゃないかしら？」

残された二日間、アリスはヨーロッパの主要なコンサート・ツアーに招待されたかのように練習に励んだ。食事の時間も惜しみ、ベートーヴェンのソナタやショパンのエチュードをさらい、ぐったり疲れると、ビーダーマイヤー様式のソファに横たわって、先の見えない未来に考えをめぐらせた。

一家が追放されることはあっという間に知れわたり、次の日には数人の友人や知り合いが別れを告げにやってきた。彼らが安堵しているのは明らかだった。追放されるのはアリスであり、彼らではないのだ。兄パウルと妻マリアはアリスとしばしの間を共に過ごし、三人は堅く抱きあった。アリスは家にあるものすべてをふたりに渡すと言ったが、彼らの住まいは狭すぎた。そのうえ、パウルはユダヤ人なので、目立つことはできない。だれもアリスの気持ちなどたずねてもくれなかった。だれも、夕食にグーラッシュ・シチューを持ってきてくれなかった。だれも、アリスにピアノを弾いてほしいと頼まなかった。競売にやってきた客のように、人びとは家の中を歩き回り、戸棚や押し入れをあけて、物色した。家主もやってきて、みんなと一緒に家具などを運び出した。テーブルやお皿のセットを持っていってもいいかを、いちいちアリスにきく者はひとりもいなかった。ひとりの女性が、壁にあった絵を外した。アンティークの花瓶をつかんだ人もいた。ある隣人は寝室に金のネックレスを見つけて、それを持って出てきた。別の向いの通りの隣人がそれを彼女からひったくった。

「これはわたしのよ。アリスがくれるって約束したんだもの」

こうしてみんなが、保管のためにとでもいうように、アパートメントからありったけのものを運びだすのを、アリスは無言で見つめていた。数人が家財道具をカートで通りへ出そうとしているとき、家主がカーペットや椅子をめぐって他の人たちともめていた。これらの荷物を見ることは二度とないとアリスは悟った。ナチはアリスと家族が出ていったあとに、アパートメントを調べて、ピアノも没収するだろう。アリスの最も大切にしていた財産だ。翌日には、ゾマー家の人びとは名前も市民権もすべて失う。これからは四人番号で呼ばれるのだ。DE一六六、DE一六七、DE一六八と。一九四三年七月五日、一家はテレジエンシュタットへ送られることになった。

その晩遅く、建物の住人がほとんど寝静まってから、ヘルマン家の人たちがゾマー家のドアをノックした。

「ケーキを持ってきました。旅の途中で食べてもらおうと思って」と、ヘルマン夫人がアリスに言った。オーブンから取りだしたばかりの温かいアップルケーキで、シナモンとクローブ入りの、甘い焼きリンゴのスライスが上に載っている。戦時にこれだけの卵とバターと貴重な砂糖を使ってケーキを作ってくれたヘルマン夫人のとてつもない優しさが身に沁みた。ユダヤ人に親切にすることは厳しく禁じられているのだから、あとになってヘルマン氏は大きな罰を受けたのではないだろうか。

アリスはふたりを部屋に招きいれた。ヘルマン氏は窓から外をのぞいて、だれも見ていないかどうか確かめた。アリスは座る椅子さえないのをわびた。ヘルマン夫妻は床に座り、ピアノを弾いてほしいと言った。アリスはショパンのノクターン変ロ短調と、ベートーヴェンのソナタ、作品八十一aの第一楽章〈告別〉を弾くことにした。そして、最後にショパンの叙情的なエチュード三番を奏でた。

「ゾマーさん、ありがとうございました」ヘルマン夫人が御礼を言った。「あなたの音楽がなくなるのは悲しいです。あなたが練習しておられるのを聞くのが楽しみだったのに。このつらい時に少しでも気持ちを明るくしてくれたのが、あなたのピアノでした。どうぞお体に気をつけて、無事に戻っていらしてね。いつの日か、うちの息子があなたのレッスンを受けられるように」

そして、ヘルマン夫人は息子たちが遊んでいたサッカーボールをアリスに渡した。

「お宅のラフィがサッカー好きだと聞いたものですから」

アリスとヘルマン夫妻は握手をかわさなかった。しかし、アリスは、立ち去るときにヘルマン夫人の目がふっとうるんだのを見逃さなかった。

テレジエンシュタットの入り口の門で、夫と妻は別れ別れにされた。たちまちレオポルトは男の側に連れていかれた。残された人びとの中に放り込まれたアリスは、ラフィに言った。

「ママの手を離しちゃだめよ。それから、チェコ語だけしゃべりなさい。ドイツ語がわからないふりをしなさい」

生まれて初めて、アリスはほんとうの恐怖を覚えた。この六歳のわんぱく息子を失うのではないかという恐れにおののいたのである。

「どうして、わたしたちはこんな悪夢を味わうの？」

アリスは何度も自問した。

収容所でアリスは何度もコンサートを開いたが、やがて気づいたのは、ナチの兵士たちが、部屋の後ろや窓の外で、それを聴いていることだった。若い兵士たちの中には、ぴかぴかの黒いブーツをはき、アリスにとっては死を意味する、ナチの紋章のついたグレイの上着を得意気にはおっている者もいたが、この若者たちはいったいどういう者たちなのだろうと、アリスは思うのだった。母親、父親はだれなのだろう？　彼らはなぜここに来たのだろう？　音楽を好むと同時に、鉤十字を身につけ、悪の手先となって働くなどということがあり得るのだろうか？　イギリスに逃げて、戦いに身を投じた若いチェコの若者たちと同じように、この若者たちの中にも、眉間にひとつのしわもない顔に、これでよいのだろうかという、とまどいの表情を浮かべている者がいる。まだ子どもの域を出ていないのだ。この者たちは、ほんとうにユダヤ人を憎んでいるのだろうか？　自分から志願してきたのか、または強制的にここへ連れてこられたのだろうか？ナチのプロパガンダを信じているのだろうか？　それとも、アリスと同じように、彼らもまた、生きてふるさとへ帰りたいと思っているのだろうか？

こうして何ヵ月かが過ぎていくと、アリスはしだいに若者たちの顔が少しずつわかってきた。ひとりの兵士が思わず拍手したとき、同僚に、肘でつつかれ、ユダヤ人や、ユダヤ人のすることに感心してはいけないと注意されているのを、アリスは見たことがある。ある晩遅く、マグデブルク兵舎を出て宿舎へ戻っていたとき、若い将校が近づいてきた。背が高く、非常にやせている。まっすぐな金髪は、ほかの兵士たちの髪より長い。アリスの目には、何かにあこがれるような詩人に見えた。兵士は言った。

「あなたにぜひ御礼を言いたいのです。すばらしい演奏でした」

アリスは相手を見つめ、黙ってうなずいた。そして、ふたりとも暗闇に消えていった。

のちにアリスは、あの思い切って言葉をかけてくれた若い兵士にきちんと御礼の言葉を言えばよかったと自分を責めたものだ。ユダヤ人に親近感を見せた兵士は、相当な罰を受けるからだ。

アリスはまた、自分がナチの兵士に丁寧な態度をとったら、同胞のユダヤ人たちが嫌な思いをするだろうと思って、はっとした。しかしその晩、アリスは自分はおのれに正直に生きようと決心した。ナチにも同胞の人びとにも同じように対することにしよう。もしもナチの人がアリスの演奏を褒めてくれたなら、他の人に御礼を言うのと同じようにその人に感謝しよう。

そのナチの兵士に会ってから一年ほどののち、アリスはベートーヴェンの曲を奏でて、魂を揺さぶるようなすばらしいコンサートを行なった。そのあとで、また別のナチの兵士が戸口の外の暗いところでアリスを待っていた。彼の声にアリスはびっくりした。

「ピアニストのゾマーさんですね？」

そのまま歩きながらアリスは答えた。

「はい、そうです」

「ちょっとお時間をください」と、兵士が言った。アリスは立ち止まった。アリスの二倍も背丈のありそうな男が立ちふさがった。「お話したいことがあります。どうぞこわがらないでください」

アリスは相手の顔をじっと見すえた。

「何かご用ですか？」

「ゾマーさん」兵士はドイツ語で先を続けた。「わたしは音楽一家の出です。母はすぐれたピアニストでした。よくコンサートへ連れていってくれました。ですから、わたしは音楽のすばらしさを知っています。コンサートをしてくださって、ほんとうにありがたく思っているのです。とても心に響きました」

アリスはにっこりし、小声で言った。

「ありがとう。音楽があなたのお役に立ってうれしいです」短い会話の間、アリスが思ったのは、もしそのおびえたような若者がナチの制服をまとっていなかったら、きっと友だちになれただろうにということだった。「わたし、もう行かなくては」

周りにだれもいないかあたりを見回して、若者は言った。

「それから、あとひとつだけ。あなたと息子さんは移送者リストには載らないでしょう。あなた方は戦争が終わるまで、このテレジエンシュタットにいられるでしょう。ですから、こわがることはありません。安全です」

そう言うと、若者はすばやく立ち去っていった。

その後、アリスは二度と彼に会うことはなかった。彼の名前も、階級もわからなかった。彼は前線へ送られただろうか？　生きのびただろうか？

戦後になって、ナチによるアウシュビッツ移送者リストが膨大な戦時資料の中から発見された。最終のどのリストにも、アリスと息子の名前はなかった。

アリスはいつも思うのだった。自分はあの若者に命を救われたと信じているのだが、そのことで彼はどんな代償を払ったのだろうかと。それから、ヘルマン一家のこともよく思い出した。戦争を生き抜いただろうか、息子はどうなっただろうか。あれから半世紀以上がたつ。しかし、出会った人びとの記憶は消えることはなかった。

第3楽章　ジャガイモの皮をむきながら

アメリカのミルウォーキーの大工の娘で、のちにイスラエル首相になったゴルダ・メイアとアリスが親しくなったのは、別に驚くべきことではない。アリスもゴルダと同様、豪華な持ち物や軽佻浮薄なものには見向きもしなかったし、見せかけや気取りを軽蔑し、野心より道徳的な暮らしを重んじる点でも、通じあうところがあったからである。そういう矜持がなければ、ふたりとも戦争を生き延びられなかっただろう。心の中にあるもの以外はすべて奪いさられてしまったのだから。

「心の中のものだけが何より大事です」と、アリスはよく言ったものだ。

ゴルダ・メイアの社会主義者としての根っこは、イスラエルのキブツでの暮らしにあった。ゴルダはその姿勢を、政治家として頂点に登りつめても貫いた。ソヴィエト大使を経て、外相となり、さらにはイスラエル初の女性首相となったゴルダである。一筋縄ではいかないリーダーとしてその名を馳せたゴルダだったが、喜びや悲しみを押さえ込む質ではなかった。

「わたしが頭ではなく、心情で政治を行なっているという非難が多々あるのはわかっています†」ゴルダはオリアナ・ファラチのインタビューにこたえて、そう言った。「では、頭だけで政治を行なったとしたらどうでしょう？……心から泣くことができない人に、心から笑うことができるでしょうか？」

　真の暮らし、とよく言われるが、ゴルダもアリスも、まさしく真の暮らしをしていた。

　初めてゴルダに会ったのはどこだったか、アリスは覚えていない。しかし、ゴルダがイスラエルの首相になる何年も前の、エルサレム音楽院だったのではないかと思っている。アリスは、首までボタンのついたプリント柄のドレスを着た、背の高い、彫りの深い顔の女性を思い出す。その人は、コンサートのあと、イディッシュ語で声をかけてくれた。その女性の褒め言葉をアリスは忘れられない。

　アリスが弾いたシューマンのハ長調のファンタジー、作品十七を、「とろけるような美しさでした」と言ったのだ。その後、一度ならず何度も、その女性はアリスに、自分のためにその曲を弾いてほしいと頼んだのだった。アリスもその曲に強く惹かれるものを感じていた。

「胸が引き裂かれるような、痛いほどの美しさを感じる瞬間が何度もあります」と、アリスは言う。ふたりが会ったのは、おそらく一九四九年の後半だったろう。ゴルダが、イスラエル初のソビエト大使となってモスクワで働き、そこから戻ってきてからのことだった。ゴルダは、収容所での多くのコンサートを開いたアリス・ヘルツ゠ゾマーの話を耳にしていたにちがいない。

一九四九年三月、アリスは息子とともにイスラエルへ移住し、双子のミッツィの家に身を寄せた。しかしすぐにアリスはエルサレムにアパートメントを見つけ、息子とふたりでそこへ移った。そして、アリスは日曜の午後のサロン・コンサートを定期的に開くことにした。これは新しい友だちと親しくなる機会でもあり、また、親戚や古い友だちとの出会いの場にもなった。それはまた、プラハ時代の思い出をよみがえらせる手立てともなった。ある心理学者がアリスに言ったように、家に家族や友人が常に集う環境は、新しい国での疎外感や、どうしても寂しい思いをしてしまうひとり息子の気持ちをやわらげるのに役立った。ピアノを弾くアリスの隣に座って、楽譜をめくるのがうまいラフィは、常にみんなの輪の中心にいて、室内楽のときは必ず楽譜めくりを担当したものだ。

アリスの家には電話はなく、サロン・コンサートのお誘いもとくにしなかった。だが、当時のエルサレムでは、口から口へとそのうわさが広まっていった。アリスのふたりの姉妹とその夫たちという、いつものメンバーのほかに、マックス・ブロートとイディス・クラウスもほぼ毎回やってきた。イディスは、テレジエンシュタットとアウシュビッツから生還したピアニストである。メンバーが集まらなくて室内楽ができないときは、アリスとイディスがそれぞれピアノのソロを弾いた。その日曜コンサートにあまりたくさんのお客が来てしまったときは、部屋のドアをあけはなして、あとから来た人たちには廊下で聴いてもらった。床に座っても、コンサートは聴くことができるのだ。お客たちにアリスが出したたったひとつの条件は、家の中では決してホロコーストの話をしないこと、だった。ナチの収容所へ送られてから、イスラエルへやってくるまでの年月の話は御法度だった。

ゴルダ・メイアは、このなごやかな近隣の住人のひとりだった。アリスのピアノの生徒たちはレッスンに来るときによく、ゴルダを見かけたと言った。ブロートから毎日曜の集まりのことを聞いたゴルダは、一九五〇年代初めのある冬の日曜日に、十五分ほど早めにやってきた。チェコからきた、メディアにあまり出ないピアニストと少しでも近づきになっておこうと思ったのである。

前の晩、アリスはグーラッシュをなべ一杯作っておいた。すぐに材料が集まり、寝ている間ずっと煮ていればできあがるので、たいへん便利な料理だ。ゴルダがやってきたとき、アリスはちょうど山盛りのジャガイモをむいている最中だった。最初にアリスが目にしたのは、ぽたぽた水をたらしながら台所の床を進んでくる、黒くて重たい、ぶかっこうなブーツだった。アリスが「こんにちは（シャローム）」と言ったとたん、ゴルダはさっとタオルを手にとり、たらした水を拭き取った。すかさず、アリスは自分のスニーカーを指さして言った。

「わたしたちの足って、幸せですよね」

ふたりはどっと笑い合った。当時の女性たちは、ファッショナブルなハイヒールで足を痛めつけていたからだ。そのときはふたりとも気づかなかったが、いずれ〝ゴルダの靴〟と言えば、いかにもぶかっこうな、古めかしいものを意味するようになる日がくるのだった。さて、ゴルダは黙って、カウンターにあったナイフをとりあげ、プロの副シェフのような顔をしてジャガイモをむきはじめた。アリスは何も言わなかった。

どちらもメイクをしていなかったし、シンプルなコットンのスカートとブラウス姿だった。ふたりとも、旧市街のルハヴィア地区に住んでいた。だが、ふたりの会話は最初から、さっきまでしゃべっていた続きのように始まったのだった。

「早く来てしまったけど、構わないでしょう？　手伝うのが好きなのよ、わたし」

「何か飲みます？　コーヒーはどう？」

「今日の新聞で、ユーディ・メニューイン（ヴァイオリニスト）の記事を読みました？」

「もちろん。あなた、そのコンサートへ行ったの？」

ゴルダは政府の難民救済の要職にあったので、アリスに、何かできることはないかとたずねた。アリスは安全な避難場所があって喜んでいる（今はエルサレムにいるから）と答えた。ゴルダはきいた。

「あなた、お子さんは？　無事ですか？」

そこでアリスはゴルダに、チェロとピアノを弾く十代の息子を紹介した。ゴルダは、アリスより五歳年上で、キブツでふたりの子どもを育てたと語り、そこの人びとが働く母親にとってどれほど大きな助けになったかを話した。

「息子さんはどうだったの？　ホロコーストのとき、どこにいたの？　隠れていたの？」と、ゴルダはたずねた。

アリスはしばし口を閉ざし、それからゴルダの目をじっと見つめて言った。

「あのときのことはだれにも話さないんです。哀れに思われるのはいやだから。息子にもあのときのことは忘れてほしい。幸せな子ども時代を送ってほしいんですもの」

ゴルダはうなずきながらも、さらに問いただした。

「でも、ドイツ人のことや、わたしたちユダヤ人たちに起こったことについては、どう思っているの？」

最初、アリスは答えなかった。やがて、アリスは口を開いた。

「過去の話をするためにここにいるわけじゃないの。わたしはこの若い新しい国を愛しています。何かわたしにできることがあれば、したい。過ぎ去ったつらい日々を思って、自分も他の人もみじめな気持ちになるのはいやですもの。さあ、これから、すてきな音楽を楽しむ時間が始まるわ」

すると、ゴルダが言った言葉をアリスは今でも思い出す。

「ジャガイモの皮むきって、楽しいわね」

こうしてその日、アリスの台所でふたりの堅い友情が生まれたのだった。

アリスとゴルダの人生には、たくさんの共通点があった。ふたりともチェロの才能がある息子を持つシングル・マザーだった。メナヘム・メイアとラフィ・ゾマーは年齢が十三歳離れてはいたが、ふたりとも、世界的な名チェリストのパブロ・カザルスのもとで勉強するという幸運に恵まれた。ふたりとも、あちこちでコンサート活動をする、すばらしいチェリストだった。のちに、メナヘムはテルアビブのイスラエル音楽院の院長となったし、ラフィはロンドンのギルドホール音楽院のチェロの教授となった。いつだったかアリスはゴルダに、自分の父親はあまり教育がなく、よい本を読んでいなかったと言ったことがあるが、ふたりとも、母親よりむしろ父親から、人生のいろいろを教わったと感じていた。そしてまた、ふたりとも、夫のいない生活を選んでいた。ゴルダの結婚は、ゴルダが仕事に打ち込むあまりに破綻を迎えた。また、アリスは言い寄ってくる男たちには事欠かなかったが、再婚はしなかった。やっとイスラエルに住めるようになってから、アリスの生活は音楽に満ちあふれ、男の入る隙などなかったのである。

年月がたち、ゴルダの政府での立ち位置はますます高まっていき、ふたりが会う機会はかなり減ってしまった。外務大臣となったゴルダは、しばしば外国へ出かけていった。アリスのほうは、ラフィの養育と教育と、毎日四時間以上の練習をし、イスラエル各地へコンサートに出かけていた。

ゴルダがイスラエル初の女性首相になっても、アリスはちっとも驚かなかった。ゴルダこそ首相にふさわしい人物だと思い、〝当然の出世〟をしたと思った。今、アリスは言う。

「あの人は世界のリーダーとして尊敬できる人でした。常識を持ち、国民を愛し、平和のために働きました。けれど、必要とあらば、かなり強硬な態度をとれる人でした」

アリスがエルサレムやテルアビブで頻繁にコンサートを開いているという話は、たちまち知れわたった。イスラエルの要人たちの姿がどんどん見られるようになってきた。やがて、コンサートだけではなく、家にまでそういう人びとがアリスに引き寄せられるようにやってきた。アリスの行動記録をとっていたマックス・ブロートは、アリスに魅せられてやってきた著名な人びとのリストを彼女に見せた。レナード・バーンスタイン、アイザック・スターン、アッバ・イバン、アルトゥール・ルビンシュタイン、ユーディ・メニューイン、ズービン・メータ、そして、若きダニエル・バレンボイム。また、ゴルダが連れてきた、のちにエルサレムの愛すべき市長となるテディ・コーレックもいた。アリスは言う。

「コーレックは常に礼儀正しく、魅力的な人でした。一方、ゴルダは実に音楽的な人でした。音楽の勉強をする機会はなかったのですが、よくコンサートに通って、自分で学んでいったのです。ゴルダは音楽が伝えたいものが何か、よくわかっていました。しかし、コーレックはそうでもありませんでした」

ときどき、コーレックがコンサートのときに居眠りをしていたのをアリスは思い出した。

アリスと他の何人かの話によれば、ゴルダの音楽的な知識や理解のレベルはたいそう高かったそうだ。アイザック・スターン、アルトゥール・ルビンシュタインも、アリスの家をよく訪れたゲストだった。有名な国際ルビンシュタイン・ピアノ・マスター・コンクールの名誉会長に任せられて、それを誇りに思ったゴルダは、こう言った。

「わたしは音楽のことはあまりわかりませんが、わたしには愛すべき親しい三人の音楽家がいます。カザルスと、ルビンシュタインと、わたしの息子です！†」

アリスはゴルダの謙遜に反論した。

「いいえ、ゴルダの知識は半端じゃありません。音楽をほんとうによくわかっています」

一九三六年に、後のイスラエル・フィルハーモーがパレスティナ管弦楽団として活動を始めたとき、ゴルダはその最初のコンサートを聴きにいった。指揮者はファシズムのイタリアから逃れてきたアルトゥーロ・トスカニーニで、テルアビブの市場に設置された大きなテント内でコンサートが開かれた。すでに世界的名声のあるマエストロ、トスカニーニはこう言った。

「このような理由のためなら、人はその資力に応じて、闘い、助け合う義務があります†」

そして、パレスティナ管弦楽団から、報酬も、渡航費さえも、受け取ろうとしなかった。ナチの犠牲者になった音楽家たちの結束を示し、「人間性を守ろうとしてやっていることですから†」と彼は言った。

ゴルダはオーケストラの創始者である、ヴァイオリニストのブロニスラフ・フーベルマンに会ったことがあった。一九三〇年代の半ば、ゴルダは、たまたまロサンゼルスからサンフランシスコまでの飛行機で彼と隣合わせになったのだ。ゴルダはヒスタドルット（ユダヤ労働協議会）の仕事でアメリカに来ていた。彼は将来、パレスティナにオーケストラを作りたいという計画を持っていて、その話をした。オケができれば、ドイツから逃げてきたユダヤ人音楽家たちも演奏することができる。ゴルダは援助を約束したのだった。あとでゴルダは息子に言ったそうだ。あんな有名なヴァイオリニストが、自分をだれだとわかってくれたのはすごくうれしかった、と。

フーベルマンは、ウィーンでブラームスのヴァイオリン協奏曲を演奏したのだが、当時、そのホールにはブラームス本人がいたのだった。一八九六年、カーネギー・ホールでのデビュー・コンサートの年、当時の世界的な作曲家たち、たとえばアントニン・ドヴォルザーク、グスタフ・マーラー、アントン・ブルックナー、ヨハン・シュトラウスなどが、ブラームスと同じように、フーベルマンのコンサートを聴きにきていた。そして、フーベルマンはパレスティナ管弦楽団のアメリカ同志会の長である、アルバート・アインシュタインの援助を得て、新しいイスラエルの建国に貢献するため、オーケストラの資金を工面したのだった。最初の七十三人の団員はすべて、ナチのドイツやオーストリアから逃れてきたばかりの人びとだった。その多くが、戦前からフーベルマンを知っていた。アリスも、彼に直接会ったことはなかったのだが、戦前のプラハやウィーンでのコンサートで何度かその演奏を聴いていた。

メナヘム・メイアが覚えているのは、第一回のコンサートで意義があったのは、芸術家や聴衆が、ユダヤ人の移住やイギリスの統治に反対するアラブ人の暴動に抗議して集まったということだ。大事な木々や穀物類が破壊され、家は焼け落ち、ほぼ百人のユダヤ人——ヒトラーから逃げてきた人たちもいた——が殺されたのだ。のちにメナヘムは、母ゴルダの伝記を書いたのだが、その中で、こう書いている。

「トスカニーニやほかの才能あふれる芸術家たちが、わざわざわたしたちのところへやってきてくれた。わたしたちの心は感動でいっぱいになった†」

飛行機の中で偶然フーベルマンに出会ったことで、ゴルダは彼と話をし、工場労働者や農民たちのために毎年コンサートを開くことができるよう、援助することになったのだった。ゴルダと家族はそのコンサートには必ず出席したものだ。メナヘムによれば、「まるで教会へ行くように熱心に†」だった。


初のイスラエル首相になってからも、ゴルダはできる限り、コンサートには顔を出した。あるときアリスに言ったことがある。ほんとうはずっとピアノを習いたかったのだそうだ。アメリカのミルウォーキーで子ども時代を過ごしていたときは、お金がなくてレッスンに行かれなかった。やがて働きはじめて、責任ある仕事をするようになり、妻となり、母親となってからは、そんな時間がなくなってしまったのだ。七十歳を越えたばかりだけれど、これからでもピアノを学ぶことはできるだろうかと、ゴルダはアリスにたずねた。アリスは答えた。

「もちろん、遅いはずがないわ」

そこで、ゴルダはいつになくおどおどとたずねた。

「アリス、退職したら、あなたの生徒にしてくださる?」

アリスはゴルダの手をぎゅっと握りしめた。

「喜んでレッスンしますとも。あなたはとても音楽的な人ですもの。で、いつから始めましょうか？」

しかし、悲しいことに、この約束は果たされずにおわった。ゴルダは一九七八年、リンパがんが進んで、帰らぬ人となった。

アリスがイギリスへ移住してからほぼ三十年たつ今（二〇一一年）、アリスは言うのだった。自分がいちばん幸せだったのは、イスラエルで暮らした時だったと。

「エルサレムで、わたしは息子の成長を見守りました。戦争の傷跡もほとんどなく、元気でたくましく育ちました。優れた生徒たちをたくさん教えました。イスラエル人、パレスティナ人、ロシア人、アメリカ人など、たくさんいました。その生徒たちが大好きです。イスラエルは、過去と現在を併せ持っていました。すばらしい希望にあふれた時でした。なにもかもが、可能性に満ちていました」

政治家ゴルダは社会主義の価値観を持っていたが、アリスはあまり政治のことはわからなかった。物質的なものにこだわらない生活をしていただけだった。たまたまゴルダとふたりだけで話していたとき、正統派ユダヤ教徒の家で育ったゴルダは、アリスにきいたことがある。

「あなたの宗教は？」

「わたしはユダヤ人、宗教はベートーヴェンよ」

その答えに、ゴルダはにっこりした。音楽、ジャガイモの皮むき、イスラエルへの愛、これらがこのふたりの移民女性を強く結びつけていた。ひとりはプラハのピアニスト、もうひとりは将来のイスラエル首相だった。

間奏曲

トロイメライ

アリスの姉イルマは、優れたピアニストだった。イルマはアリスが七歳のときに初めてピアノのレッスンをしてくれた。アリスと双子であるミッツィのほうは、さして楽器に興味を示さなかったが、アリスは初めから練習の虫になり、習った曲をどんどん暗譜していった。

十一月の末、九歳の誕生日を迎える前に、アリスはローベルト・シューマンの有名な、優しい情感に溢れた〈トロイメライ〉を人前で弾けるほどうまくなっていた。その曲をアリスは何度も何度も練習し、自分なりの解釈をつけられるようになりたいと思っていた。非常にゆっくり弾いてみたり、やさしくそうっと弾いてみたりした。そして、最後に決めたのは、テンポを少し速くして、メロディがくっきり聞こえるようにすると効果的だということだった。

四歳年上の兄パウルは、ヴァイオリンを習っていて、めきめき上達していた。そこで、アリスと一緒にこの美しい曲〈トロイメライ〉を弾きたいと言い出した。パウルはこの夢のようなメロディにすっかり心を奪われていて、妹の楽譜を借りて、次のレッスンに臨んだ。パウルの先生は、この曲はピアノのために書かれたもので、ヴァイオリンの曲ではないと言った。パウルがヴァイオリン用に譜面を書き直したとはいえ、まだ若いパウルにはこのようなロマンチックな曲は理解できないだろうと思ったのだ。

「きみは愛するということがどんなものか、わかっているのかい？　お父さんやお母さんに対する愛とか、祖国愛とかではなく、女性を愛するということだよ」

　十二歳のパウルは、毎朝、毎晩、または数学の時間でさえも、親友の妹の事を思っていると打ち明けた。

「はい、わかっています。その人のことを思うだけで、胸がどきどきしてきます。ときどき、息苦しくなるほどです」

　先生はそれならよろしいと言って、〈トロイメライ〉を弾くことを許したのだった。

　その晩、家でパウルはアリスに、一緒に〈トロイメライ〉を弾いてほしいと頼んだ。パウルは感情をこめすぎて、リズム通りに弾けなかった。アリスがそれを直すと、パウルは言った。

「だけど、おまえには愛がわかっていない。まだ若すぎるからね。ぼくは音楽の奥に隠れている気持ちをあらわしているのさ」

　たちまちアリスは言い返した。

「そりゃ、わたしのほうが兄さんより年下だけど、リズムも、曲の解釈もできているつもりよ」

第4楽章　ピアノのレッスン

「わたしのまわりにはいつも音楽がありました。つまり、ライブの音楽のことです。目の前で人が演奏し、歌う音楽で、レコードのことではありません。レコードがはやるようになったのは、かなりあとのことです」

アリスは子ども時代の大好きな思い出を語っているのだ。

「母はすばらしいピアニストでした」アリスはそう、そうとうなずきながら言った。「そりゃもう、ほんとうに弾くのが大好きだったのです。つらい気持ちを振り払うひとつの手段でもありました」

プラハでは、アリスの知っている人の家にはどこにもピアノがあった。アリスの家にあったのは、居間を占領せんばかりの、大きなグランド・ピアノだった。少なくとも、幼いアリスにはとても大きなピアノに見えた。それは、祖母の持ち物だった。キーボードには、使わないときは常におおいがかけられており、まず手を洗ってからでないと、蓋をあけたり、鍵盤に触れたりしてはならなかった。アリスとパウルはよく、寝る前に楽しく弾いて家族に聴かせたものだ。アリスはショパンやシュトラウスのワルツ、シューマンの〈子どもの情景〉や、ベートーヴェンの初期のソナタを弾いた。ピアノとヴァイオリンのデュオで、モーツァルトやシューベルトのソナタを何楽章か合わせたりもした。ドヴォルザークのヴァイオリン・ソナチネもおおいに楽しんだ。作曲家がアメリカで聴いたアメリカ土着のメロディが使われている曲。母ゾフィーは、それを聴いて、異国風だと思った。アリスの家のコンサートの最後によく演奏されたのは、ドヴォルザークの有名な〈ユーモレスク〉だった。アリスは今でも、隣の人たちがお互いに言い交わしている声を思い出す。

「ほら、急いで。ヘルツ家のコンサートが始まるよ」

一九一〇年、アリスがピアノのレッスンを始めたとき、プラハは音楽の町だった。アリスは思い出す。

「あの美しい日々、プラハはまさしく音楽そのものでした」

かつてモーツァルトがオペラ〈ドン・ジョヴァンニ〉のプレミア・コンサートを指揮した、緑と金の宝石箱のようにきらびやかな劇場が、町の中央に堂々たる姿で建っていた。旧市街の広場のすぐ先である。アリスの姉イルマは、散歩のときに何度も、双子の妹たちにその建物を見せてくれた。そして、プラハはモーツァルトがとても愛した街だと教えたのだった。また、少し遠出をして、ベルトラムカという家へも連れていってくれた。モーツァルトが妻と共に滞在して、〈ドン・ジョヴァンニ〉の序曲を書いた家だ。家の中にピアノがあり、アリスはその小さなピアノに触らせてもらった。一世紀以上前に、モーツァルトが実際に弾いたピアノは、やさしい、ベルのような響きがした。

今も昔も、音楽家は尊敬の対象である。ベドルジハ・スメタナや、アントニン・ドヴォルザークは、チェコの民族音楽を作曲に取り入れて、チェコ音楽を世界に通じるものにした。当時の偉大な音楽家たちはプラハで演奏をした。コンサートやオペラのお知らせは、朝刊の一面のニュースとなり、人びとは競って聴きにいこうとした。チケットが売り切れると、立ち見席では、貧しい人びとや、教育のない人びとの姿もよく見られた。アリスは言った。

「ときどき、わたしたちだって、行きたいコンサートのチケットを買うために、何か月もお金を節約したものです」

公務員、銀行家、ビジネスマン、医者、弁護士、家庭の主婦、そういう人びとの中には、技術の高いアマチュア音楽家がいるものである。また、楽器の演奏をしない者たちは、合唱に参加した。そんなアマチュア音楽家たちにとって、週一の練習は欠かせないものだった。アマチュアという言葉はラテン語のアマトー、つまり愛する者、からきている。音楽を何よりも愛する者ということだ。ハウス・コンサートは、プロの演奏家やアマチュアの演奏家によって行なわれる、お楽しみの会のことである。つまり、だれかの家に友だちが集まっては演奏を楽しみ、そこに来ている作曲家の曲の初演を聴くこともできるのだ。

アリスは音楽の才能に恵まれていただけでなく、生徒としても優秀だった。姉イルマはアリスに練習の楽しみを徹底的に教え込んだ。アリスは間違いをすぐに素直に直し、その箇所をきちんとできるまで何度もさらった。イルマはアリスが自分より十一歳も年下だったからか、妹の才能に嫉妬を覚えることはなかった。そして二年後、すばらしい指導者としてほめたたえられるという、ごほうびをもらった。イルマはアリスを、自分が前に師事していたヴァーツラフ・シュテパンに紹介したのだ。そのプラハで最も優れた教師に、アリスはベートーヴェンのソナタを聴いてもらった。シュテパンは、アリスとアリスを指導した姉イルマの双方をほめてくれた。普通は子どもの生徒はとらないシュテパンだが、アリスの弾きたいという情熱にほだされて、ひと月に一度だけ、レッスンに来てもよいと許可してくれた。イルマは毎週アリスのレッスンを続け、アリスにいろいろアドヴァイスを与えた。それから二年ほどして、シュテパンは本気でアリスを教えはじめた。彼はアリスの生涯の師となり、友となったのだった。

この時期に、不滅の作曲家たちのほんの一世代あとの人びとに、アリスは教えを請うことができたのである。ブラームス、リスト、ショパンの身近にいた人びとから直接教えてもらったということだ。のちにプラハ音楽院でアリスに指導をすることになるコンラート・アンゾルゲは、技巧の魔術師フランツ・リストにピアノを習った。ヨハネス・ブラームスは、自身のグランド・ピアノを弟子のアレクザンサー・ゼムリンスキに与えた。ゼムリンスキはアリスの通ったプラハ音楽院の創設者で、アリスの友となった。当時、コンサートに行けば、ショパンの最も有望な弟子だったカロル・ミクリの指導を受けたヴィルヘルム・バックハウスとモーリッツ・ローゼンタールの演奏を聴くことができ、アリスは多くのものを学んだ。

アリスはプラハ・ドイツ音楽院でアンゾルゲの弟子として勉強し、卒業したのだが、アリスのキャリアを応援しつづけたのは、シュテパンだった。彼はチェコ・フィルハーモニー管弦楽団のソロ・ピアニストとしてアリスのデビューを飾らせてくれた。ショパンのピアノ協奏曲ホ短調の指導をし、リハーサルに同行し、マックス・ブロートをそのコンサートに招待した。若きピアニストが、この世のものとも思えない美しい音で、完璧に協奏曲を弾きこなしたことに感動したブロートは、その演奏を輝かしいまでにほめたたえた批評を書いた。それは、その後の多くのすばらしい批評の第一号となった。当時を思い出して、アリスは言った。プラハで弾いていたときには必ず、ブロートがいつもの席にいるかどうか、ちらりと見るのがくせになっていた、と。彼が席にいるのを確かめてから弾き出すのが常だった。ステージで上がったことがあるかとたずねられたアリスは、そんな経験はまったくなかったので、なんとも言いようがない、と答えた。

「上がるというのは、音楽の出来以上に、他の人がどう思っているかを意識することからくるのです。こわいものがあるとすれば、それは、自身の心の中にある批評精神です。けれど、いったん弾きはじめたら、不安は消え去ります」

若い頃に成功をいくつかものにしたアリスは、著名なピアニスト、エドゥアルト・シュトイアマンのセミナーに参加した。ウィーンからプラハへやってきて、国内の優秀な生徒を指導することになったからだ。十二回のマスタークラスの授業料は前払いすることになっていた。しかしアリスは、温かみのない、やる気もないその指導ぶりに大変がっかりした。この人からは何一つ音楽的なものを得ることはできないと思った。お金と時間の無駄だったと後悔した。のちにアリスは、かの有名なアルトゥール・シュナーベルの一時間のレッスンにも絶望して、途中でやめたことがある。結局のところアリスは、信頼できるのは己の判断だけだということを学び、その過程で、生徒に教えるこつを学んでいったのだった。アリスにとって、演奏家としてのキャリアも、それにともなうすべての誉れも、究極の音の美を追究する芸術家として生きた人生の二義的なものに過ぎなかったのだ。

ナチのプラハ侵攻からほぼ一年たった一九四〇年三月三日、アリスはひそかに開かれた小さなコンサートで演奏した。ユダヤ人作曲家のヴィクトル・ウルマンの最新作品をコンラート・ヴァラシュタイン家で発表するコンサートである。アリスは「あそこはほんとうに温かい、家庭的な雰囲気の家で、すばらしいスタインウェイのピアノがありました」と、なつかしく思い出す。居間はビーダーマイヤー様式の家具でしつらえられていた。ヴァラシュタイン夫人の両親が持っていた本物だ。床には色とりどりのペルシャじゅうたんが敷き詰められていた。だが、食堂のサイドボードに載った銀のコーヒー・ポットはからっぽだったし、いつも出てくる、刻んだフルーツの載ったチェコのティーケーキも見当たらない。その日の午後、演奏者以外はすべて、コートと手袋姿のままだった。

その日、アリスはウルマンの非常にモダンで難解なピアノ・ソナタ第二番を演奏した。演奏がおわると、作曲家はアリスを抱きしめ、ヴァラシュタイン氏はアリスに御礼の赤いバラを一本贈った。そんな貴重なものをどこで手に入れたのだろう。だれも考えつかなかった。三年後、テレジエンシュタットで、ウルマンは自作の新しいソナタ第四番をアリスに捧げた。だが、アリスのいちばんのお気に入りは第二番で、人前で演奏するのはそれと決まっていた。

その日のコンサートにやってきた教養あるチェコの文化人たちは、好んでドイツ語をしゃべった。ドイツ語の名字を名乗り、ドイツの学校へ通っていた。ナチが、ユダヤ人が集まるのを禁止するのはおかしいとみんなは考えていた。それでも、これ以上、事態が悪化することはないだろうと期待していた。だからといって、この部屋にいたすべての者たちが、やがて、家族と離ればなれになり、いずれはテレジエンシュタットへ送られて、アウシュビッツや東部のほかの収容所へ行くことになるとは、知る由もなかった。

その日、そこにいた人びとの中で生き残ったのは、アリスただひとりだった。

間奏曲

火事

「わたしは生まれつき、楽観主義者でした。でも、双子のミッツィは常に悲観的な人でした。おかしなものです」と、アリスは言うのだった。「ミッツィは母のお気に入りでした。小さくて、かわいらしくて、体が弱かったからです。ミッツィはいつも、何かしら、困ったことが起きるのではないかと、心配ばかりしていました」

子どもの頃、父は経営していた工場の火事の話をよくしてくれた。それはアリスとミッツィの心に大きな、そして、それぞれ違った影響を与えた。ふたりが生まれるひと月かふた月前、フリードリッヒ・ヘルツは家でたっぷり昼食をとり、昼寝をしていた。当時のビジネスマンはよく昼寝をしたものだ。そのあと、彼は精密計測器を作るヘルツ・ブラザーズ社へ戻るのだ。ところがその日、いきなり「火事だ、火事だ」という声が窓の外から聞こえてきて、彼ははっと目が覚めた。工場は家からほんの二百メートルほどのところで、同じ敷地にある。彼はあわてて靴をはき、外へ飛び出していった。工場から火の手があがっているのを見ると、即座に炎を消し止めようと工場の中へかけこんでいった。そして、ガス漏れのパイプを発見し、それを引き抜いて、ガスを止めた。そのときのフリードリッヒは、まさしく全身火だるまだった。顔も、手も、服も、真っ黒で、前かうしろかわからないほどだった。ベンチに座って、労働者たちによかった、よかったと言っているうちに、体の激しい痛みに気がついた。だれかが手にウィスキーのびんを持たせてくれた。他の者が、医者を呼びに行ってくれた。生まれて初めて、フリードリッヒ・ヘルツは、痛みを忘れるために酒をあおったのだった。

火事の話をするときによくフリードリッヒは、ずりおちそうになるズボンをおさえて、工場へ走っていったと言って、子どもたちを大笑いさせたものだ。あの日、食事をしてから、彼は昼寝をするためにベッドに入ったのだが、上着をとって、サスペンダーを肩からはずしていたのだ。ところが、火事であわてて飛びだしたとき、サスペンダーを戻すのを忘れたので、ズボンがずりおちそうになったのだった。しかし彼は、恐怖の場面を決して語らなかった。そもそも、フリードリッヒは恐れを知らぬ男だったからである。

父の話を聞きながら、心配性のミッツィはきっと、父が火事で焼け死んだかもしれないと思っていただろう。アリスはそう言うのだった。しかしアリスのほうは、父は工場を救った英雄であると、誇りに思っていたのだった。

父が命を危険にさらすような、とてつもない火事をくぐりぬけたことを知って、アリスは子どもながらに、何かあってもきっといいことはあるという自信のようなものを得たのではないかと思っている。その後に立ち向かうことになる数々の試練のときに、肝が据わっていたのは、父のおかげだと思うのだ。

第5楽章　# 新たな始まり

ソ連軍がテレジエンシュタットに収容されていた人びとを解放したとき、軍が言ったのは「自由だ。家に帰ってよろしい」ということだけだった。しかし、食べ物も、薬も、交通手段も与えてくれなかった。軍にはそんな余裕はなかったし、プラハの解放戦線に参加せよと命令されてもいたからだ。運良く、赤十字がいち早く生存者たちの対応にあたってくれた。数日のうちに、ユダヤ人協会の人びともやってきた。その人たちからアリスは、夏の間、プラハ近郊の農場で休養できるときいた。ラフィも、六月の八歳の誕生日には、自由の身になって、日のあたるところで遊び、新鮮な体にいいものを食べ、ふたりで体力をとりもどすことができるだろう。いきなり都会に戻って、知らない人たちにまじって暮らすより、ずっとまともな休養がとれるだろうとアリスは思った。

一九四五年の七月末、アリスとラフィはプラハに戻った。しかし、帰還したユダヤ人は望まれない存在で、反ユダヤの人びとの悪意にさらされることがよくあった。もともとのチェコ人たちが、ユダヤ人たちから剥奪した住居をあけわたすことを拒否し、自分の所有物だと言明したのだ。また、以前、隣近所に住んでいたチェコ人たちは、当時、宝石や貴重な家具などを保管しておくと申し出てくれたのだが、ユダヤ人たちが戻ってきて、それを返してほしいと言われたときには驚いて、不快感をあらわにした。ほとんどの人は怒って、ユダヤ人の目の前で、ドアをバタンとしめた。政府は、持ち物の回収にはまったく援助の手をさしのべなかった。

兄パウルの妻マリアはユダヤ人ではなかったため、パウルが一九四五年の初めにテレジエンシュタットに収容されていた短い間、小さなアパートメントで暮らすことを許されていた。だから、アリスとラフィが戻ってきたとき、パウルとマリアは一緒に暮らそうと言ってくれた。しかし、それはほんの一時的なものだった。アリスは食べ物を手に入れたり、暮らす場所を探したりしなければならなくなった。二年ほど前には、その町のアパートメントに住んでいて、そこで働き、蓄えもあったのだ。しかし、ナチがアリス・ヘルツ＝ゾマーの痕跡をすべて消し去り、銀行預金もすべて没収してしまった。チェコ人がアリスのそのアパートメントに住みついており、出ていこうとしなかった。アリスが大事にしていた家具も、絵も、アンティークの陶器も、すべてが消えてなくなっていた。アリスはかつて、持ち物を保管しておくと約束してくれた人たちをさがしたが、まったく見つからなかった。チェコ生まれであることを証明するために、数え切れないほどの書類に記入しなくてはならなかったが、記入すべき書類は増える一方で、まさしくカフカ的に次から次へと形を変えて書類が現れる始末だった。テレジエンシュタットで、アリスはラフィに、チェコ語だけをしゃべるように言っていた。そうすれば、ナチにはラフィの言葉がわからずにすむ。ところがやっとふるさとへ戻ってきたのに、ここでもまた、ドイツ語をしゃべってはいけないと息子に言うしかなかった。ドイツ語をしゃべったら、命の危険にさらされるし、戦前あったドイツの学校はもう閉校していた。「二度と家には戻れない†」という言葉が、そのときほど真実味を帯びて聞こえたことはなかったろう。

　アリスはピアノの生徒を捜し始めた。しかし、自宅にピアノがないので、生徒の家をわたりあるくしかない。数ヵ月後、赤十字の援助と、ユダヤ人コミュニティにわずかに残った資金の助けを得て、アリスは小さなアパートを手に入れた。ユダヤ人コミュニティが、ナチが没収して大きな倉庫に保管していた楽器の中から、ピアノを選んでもよいと言ってくれた。残念ながら、アリスのあの美しいグランドピアノは見つからなかった。ついにピアノがアリスの新しい住まいに送られてきたとき、アリスはこのピアノの前の持ち主はどうなったのだろうと思いを馳せた。とにかく、ピアノが自宅に設置されたので、教える時間も増やすことができるようになり、いずれまたコンサートでピアノが弾ける日のために、毎日練習することができるようになった。やがて、その機会がやってきた。チェコのラジオ局のためにコンサートを行ない、それが国際的に放送されることになったのである。再びピアニストとしての地位を固めることができるのはうれしかったが、それだけでなく、アリスは自分が戦争を生き抜いたことを多くの友に知ってもらえると思って、喜んだ。アリスは、自分の再出発を表わすため、ベートーヴェンの〈熱情〉を弾いた。ミュンヘンでチェコを裏切った連合国側は、それだけではまだ足りないというかのように、さらに戦後処理政策をどしどし進めた。トルーマン、スターリン、チャーチルが、一九四五年にヤルタで会談し、イギリスとアメリカとソ連の連合軍でヨーロッパの戦争地域をいくつかに分け、それぞれが統治することにした。各国の解放軍は、それぞれの地域を統治して、戦後に民主的な政府が樹立されるよう、管理することになった。この決定は、まもなくソ連の手に落ちることになる地域の人びとにとっては、悲劇的なものだった。チャーチルとトルーマンが、スターリンの赤軍がプラハを解放することに賛同したので、チェコはソ連の統治下におかれ、共産圏のレッテルを貼られてしまった。チェコは二度目の裏切りにあったことになる。アメリカのパットン将軍は、赤軍が入る前にチェコのマリエンバート近くに進軍したが、そこから先へ進めなくなり、その一週間後にソ連軍がプラハを解放するまで、ピルゼンに留まることを余儀なくされた。

チェコの暗い歴史のひとつに数えられるのは、いわゆる革命監視団が雨後の筍のように増えたことである。チェコの法律の枠外で行動しながら、チェコからドイツの存在を消そうとやっきになっていたのだ。彼らの多くは、元ナチの親衛隊で、ご都合主義の残忍な連中で、革命の印をつけた帽子の裏に、うすぎたない過去を隠していた。彼らはドイツ人や、ドイツ・シンパの人びとをさがしあて、卑劣な扱いをした。ドイツの作曲家、たとえは、バッハ、ベートーヴェン、ブラームスなども軽蔑の対象になった。

戦前のチェコは、チェコ人、ドイツ人、ユダヤ人、ポーランド人が諍いなくまじりあった国だった。だが、ジプシー（ロマ）は激しい人種差別を受けていた。しかしながら、チェコで生まれた人びとは、自動的にチェコの市民権を得ることができた。一九四五年五月、ソ連軍がプラハを解放したあと、エドヴァルト・ベネシュ大統領はチェコに戻り、早速命令を下した。その結果、二百五十万人のズデーテン・ドイツ人と、五十万人のハンガリー出自の人びとが追放され、何千人もの市民が殺された。当時の虐殺で埋められた人びとの遺骨は、今なお続々と発見されている。ベネシュ大統領は、ナショナリズムを何よりも重要視し、少数派の権利を守る時代は終わったと言った。大統領一派は、チェコはひとつの民族で成り立つ国家であるべきと主張し、少数派を追放することを明言し、それから三年にわたり、残忍な民族浄化主義を行なったのだ。チェコの最初の大統領で、国民に愛されたトマーシュ・ガリク・マサリク（大統領在任一九一八〜三五年）が、すべての市民の権利を守ることを保証したことなど、ころりと忘れてしまったようだ。

ベネシュ大統領の行動と、残酷なナチ統治下での生々しい思い出に刺激されたのか、チェコは市民への虐待へと突っ走った。チェコにおける、最悪の恐怖政治が行なわれたのは、一九四五年五月から一九四七年初めのことだった。チェコで生まれたチェコ市民でも、民族的にはドイツ人のことをドイツ系チェコ人と言うが、その多くが、強制的に家を追われ、家畜列車でドイツやオーストリアの国境の荒れた地域へ追いやられた。食べるものも、住む場所にも事欠くようなところだった。そこへ行く途中で、多数が命を落とした。おびただしい数の女性たちは暴行を受け、虐待され、毎日のように人が殺された。ドイツ系のパン屋の夫婦は、革命軍兵士に、ドイツ系であることを馬鹿にされたのでパンを渡さなかったため、銃殺されてしまった。あるジャーナリストが、ふたりの若者を生きたまま木からさかさ吊りにしているところを群衆が見ていたと報告した。ロシア人とチェコ人が、そばのオイル・タンクからガソリンを入れた缶を持ってきて、それをふたりにかけ、火をつけた。ジャーナリストは、そばで見ていた人びとが、その人間たき火からタバコに火を点けているのを見たのだ。

チェコ人が解放されたうれしさに過激な民族浄化に走るのを見て、アリスはあっけにとられ、恐れおののいた。

「戦争前は、みんな――チェコ人もロシア人もユダヤ人も――友だちであり、隣人だったのに。ほとんどの人が二ヵ国語をしゃべっていました。母国語がふたつあったのです。チェコ語とドイツ語です。チェコとドイツの新聞を読み、カフカもリルケも読みました。多くの偉大なチェコの作家たちは、ドイツ語で本を書きましたが、中には、カレル・チャペックのようにチェコ語で書く人もいました。戦争前は、わたしたちはみんな、チェコ人として仲良く暮らしていたのです」

ベネシュ大統領はリディツェを合い言葉に、愛国者たちを煽動した。一九四二年、ナチが、プラハから車で一時間ほどのところにあるボヘミア中西部の村リディツェを全滅させたのだ。プラハにいた、ナチの国家保安本部長官で、ベーメン・メーレン保護領副総督でもあったラインハルト・ハイドリッヒ暗殺にたいする報復だった。カール・ヘルマン・フランクの命令で、六月十日、仕事を終えて村に帰ってきた十六歳以上の百九十二人の男全員が、ナチ射撃部隊によって殺されたのである。女と子どもは、収容所へ送られ、そこでほとんどが命を落とした。リディツェの住人はすべてがカトリック教徒だった。村は全焼し、墓地は掘り返され、骨はばらばらに砕かれた。二週間後、レジャーキという別の村も同じ目にあった。ナチはこのふたつの村に抵抗勢力やその親族が隠れているという疑いを持ったので、標的にしたのだった。各地の収容所やその他の場所での残虐行為はトップ・シークレットだったが、ナチはリディツェの殺戮を、連合国側への効果的な警告ととらえていたのである。

ベネシュ大統領が、少数派の人びとにあのような独裁的な態度をとったりしなければ、ドイツの名前を持つ市民への暴力行為は起こらなかったろうと、多くの歴史家はこぞって言う。戦争直後のあの暴虐ぶりを思い出し、アリスは強くうなずいた。

「チェコ人はベネシュ大統領を愛していたのです。尊敬していたのです。なのにどうして、マサリク大統領の後継者たる彼が、スターリンの真似をしなければならなかったのでしょう?」

このとてつもない混乱と殺戮の最中に、NKVD(ソ連秘密警察)が、一九四五年五月の初め、ユダヤ出自でないチェコ人ジャーナリストのミハル・マレシュを逮捕した。ナチの降伏のあと、秘密警察はプラハを好き勝手に歩き回っていた。マレシュはチェコの理想的な共産党員だったのだが、皮肉なことに、あやふやな、でっちあげの情報によって捕まったのだった。マレシュ自身、自分がなぜ秘密警察に目をつけられたのかわからなかった。

独房で、マレシュは死刑を宣告され、刑が執行されるときいた。数日後、兵士たちが彼を独房から連れ出し、中庭へ引き出した。壁に縛り付けて、目隠しをし、「火をつけろ！」とどなった。ところが、銃殺執行隊は火を空中へ放ち、マレシュは怪我一つしなかった。そして、下品なジョークを飛ばしながら、兵士たちはマレシュを独房へ戻した。そうマレシュは自伝に書いている。この偽装死刑はソ連の残虐行為のひとつで、このようなことが、さらに二回も行なわれた。収監されている間に、革命軍は、ベッドに寝ていた無防備のマレシュの父を殺害した。ドイツ人と勘違いしたのだった。父の埋葬の日に、マレシュはプラハで釈放された。父の殺害を知って、マレシュは初めて、ソ連という国とその究極の目的に目を開かれる思いをした。

ミハル・マレシュは、アリスの演奏を愛していた。戦争前には、何度もコンサートに顔を出したものだった。マレシュはカフカや、ヴェルチや、ブロートの友人だったので、マレシュとアリスは知り合いだった。アリスのコンサートが始まったとき、たまたまマレシュはラジオでそれを聞いた。一九四五年九月の土曜日の夜のことだ。獄中から出ていたマレシュは、ベートーヴェンの〈熱情〉の、心を揺さぶる深々とした演奏にいたく感激し、ピアニストはだれだろうと思った。最後にアナウンサーが、演奏はアリス・ヘルツ＝ゾマーと告げたとき、マレシュは喜びの声をあげた。アリスは生きていたのだ！　放送のあった翌朝、マレシュは矢も盾もたまらずユダヤ人コミュニティ・センターを訪れ、アリスの住まいをたずねた。そして、いそいで花束を買い、アリスの家へ向かった。

その頃、アリスは夫レオポルトはもう生きていないのではないかという気がしてならなかった。それでも、プラハに戻ってから何週間も、毎日、夫探しをしていた。夏の終わりのある日、ユダヤ人協会が、アリスの予感を確実なものにした。死亡者リストに夫の名前があったのだ。アリスはもはやショックを受けなかった。すでに運命を悟っていたからである。そして、マレシュがやってきたときには、アリスは、自分のすばらしい崇拝者の気持ちをうれしく思った。マレシュはじきに、八歳のラフィの父親がわりになって遊んでくれて、アリスが生徒たちに教えたり、練習したりしている間ずっと、ラフィと一緒にいてくれた。マレシュはラフィの宿題も手伝ってくれた。また、映画へ連れていったり、ラフィが食べたいだけ、いろいろな味のアイスクリームを食べさせたりしてくれた。

アリスは、マレシュの理想主義に強く惹かれていた。ヨーロッパの人文教養をふんだんに身につけ、十八世紀、十九世紀のクラシック音楽について比類なき知識を持っていた。彼はヨーロッパだけでなく、アフリカの国々へも旅をしたことのある、旅好きだった。十代のとき、スペインの無政府主義指導者のフランチェスコ・フェレールの銃殺に抗議し、そのせいで、オーストリア・ハンガリー帝国のすべての学校から追放されてしまったのだ。第一次大戦後、解放されたチェコスロヴァキアが独立を宣言したとき、マレシュは堅固な共産主義にかなり傾倒し、カフカやブロートに個人を守る社会主義の利点を説いていた。チェコがドイツの占領下にあったときの苦難や悲劇を目の当たりにしたマレシュは、共産主義への信頼を堅くし、そこに救済の理想を見いだしたのだった。とにかく、プラハを解放したのは、赤軍ではないか。一九四六年の選挙で、共産党は過半数を得て与党になったが、マレシュも共産党に票を入れたひとりだった。ところが、事態は変わってしまったのである。

反ユダヤ主義の残虐な行為や、ドイツの名前を持っている人びとに対する暴力を見て、マレシュは怒り心頭に発した。人民の暴挙や憎悪に気づかない、平和時の政府の盲目ぶりにあきれた。彼は「ドネシェック（今日）」という週刊レポートを出しはじめた。アリスは、それを「とてつもなく勇敢な行為」だと言った。レポートは、ユダヤ人生存者とドイツ人に対する残虐行為を告発するものだった。

一九四六年十一月十一日の記事「チェコのコルホーズ（共同農場）の悲劇」で、マレシュは、ドイツ人が追放されたあとの村や農場への、チェコ国民の破壊的な行為を赤裸々に書いた。「革命軍や、プラハ郊外から集められた暴力団が、ウシュテック地域にあらわれ、銃で村人たちを襲った……恐れおののいた農民たちは、抵抗するすべもなく、逃げ惑った。二時間のうちに、銃撃は終わった。暴徒どもは、肥沃な土地、ホップ畑、収穫された小麦、そして、四千本以上の木にさまざまな果物がたわわに実る果樹園のある、百二十ヘクタールの天国のような村を襲撃したのである。その村は今、いったいどこにあるのだろう？　どんな状態になっているのだろう？†」

一九四六年、警察を冒瀆したかどで裁判にかけられたマレシュは、こう弁明した。

「もしこの国にほんものの自由があるとしたら、わたしが罪に問われるはずがない。だが、自由がほんの部分的な、もろいものであり、それに従って裁かれるのなら、そんなものはくそくらえだ……目の前で起こっていることを知りながら、告発しないのは、恥ずべきことだ。暴力によればわたしを亡き者にできるだろう。わたしを黙らせたいなら、それしかない[†]」

最初の裁判で無罪になったマレシュは、自分の言った言葉通り、政府が、ドイツ人を先祖に持つチェコ人に対する差別をとりあげて告発した。不義に対する彼の勇気ある発言と、ペンの力で人びとの注目を集めることができる才能に、アリスは感銘を受けた。

アリスとミハル・マレシュは次第に、プラハで生活を共にしたいと思うようになっていた。ラフィもマレシュになつき、しばしの間、彼はまるでこの小さな家族の一員になったように見えた。マレシュはアリスにひとかたならぬ優しさを見せた。食べ物や花を持ってきただけでなく、ある日のこと、自分の大事にしていた宝物まで持ってきたのだ。それは、アンリ・トゥルーズ＝ロートレックがパリの女性の頭部を描いた、小さな油絵だった。それが婚約のプレゼントだったかどうか、アリスは決して言わないのだが、友だちの間では、ふたりはカップルと見なされていた。新しく自分を愛してくれる人と新しい生活を築くことについては、アウシュビッツで夫が命を落としたイディス・シュタイナー・クラウスの後押しがあった。イディスは再婚し、新しい夫とふたりでパレスティナへ移住しようとしていたのである。イディスは新しい土地に行けば、もっとキャリアを積むことができるだろうと信じていた。

チェコ人は、マーシャル・プランの初期の計画には参加していたが、スターリンが西側とのつながりを断ち切った。一九四八年の初め、内務省と警察庁の非共産党員が激しく追放されるようになった。ベネシュ大統領の政府にいた十二人の非共産党員は、辞表を出した。内戦を避け、ソ連のさらなる介入を防ぐために、ベネシュ大統領は最終的に辞表を受理し、その替わりに政府に共産党員を入れるのを認めた。そして、彼も一九四八年六月七日に辞任したのだった。

＊　＊　＊

ミハル・マレシュは、ソ連と、チェコ警察組織内にいるソ連のシンパに脅威を覚え、ますます恐れを抱いていた。相変わらず、ドイツ人の殺害や、財産の略奪や、チェコの役人や警察や地方の長の関与を告発しつづけていた。ズデーテンラントやプラハや各地の収容所にいて、ドイツ帰還を待っているドイツ人たちが、チェコ人に暴力をふるわれている実態を書くときに、それはゲシュタポのやり方と同じだと書いたが、その言葉を最初に使ったのがマレシュだった。共産党はマレシュをこてんぱんに非難し、マレシュは一九四七年に党を追われた。共産党が再び勢力をもりかえした一九四八年二月のすぐあとで、マレシュは再び逮捕され、今度は七年の刑を宣告された。反逆罪という、でっちあげの罪状だった。相変わらずチェコの民主主義を信じていたアリスは、彼がすぐに釈放され、予定通り、ふたりの生活が始まるのだと思っていた。

しかし、国外から見たプラハの状況はまるで違っていた。新聞のレポートでそれを知って、パレスティナにいたアリスの姉とミッツィはびっくりした。一九四八年五月十四日、イスラエルが独立を宣言したので、姉とミッツィはアリスに早く移住するよう、前にも増して強くすすめた。しかし、アリスは生まれ故郷で暮らしたいという希望を持ちつづけていたので、ミッツィと息子のハイムはわざわざプラハまでやってきた。旅行で来たのではない。アリスの移住申請の書類が通ったらすぐにチェコを離れるよう、すすめにきたのだ。しかしミッツィは、アリスがこれからもプラハで生活することに楽観的で、そのうえ、マレシュとの新しい暮らしに入りたいとロマンスに心を燃やしているのを知ったのだった。

ハイムは、母親とアリスがマレシュの話をしているのをそばで聞いたのを思い出す。ミッツィは言った。

「あなた、馬鹿ね。何もわかってないんだから。こんなところに未来はないのよ」

アリスはミッツィに言った。

「マレシュは息子を養子にしたいと言ってくれるの。わたしたち、一緒に暮らしたいのよ」

「いいんじゃない。彼が釈放されたら、イスラエルへ来ればいいんだから」と、ミッツィは言うのだった。

そしてミッツィは、ラフィは親戚がたくさんいるところで成長するのがいいと、さかんに言った。アリスだって、音楽院で教えれば生活は安定するだろう。ついに、ミッツィの強い説得に、アリスもうなずいたのだった。

出発の準備にかけられる時間はわずかだった。たまたま知人の若いパイロットが、チェコ製の軍需品をイスラエルへ輸送することになっていた。共産党は、チェコ人が衣服以外を持ちだすのを禁止していたのだが、アリスはどうしても、トゥルーズ＝ロートレックの絵と、ラフィの切手コレクションと、自分のピアノだけはエルサレムに運びたかった。すると、そのパイロットが助けの手をさしのべてくれたのだ。彼も音楽愛好者だったからである。イスラエルが購入した軍需品を共産党がチェックしたあとだったので、これ以上、荷物を調べられることはないだろう。ところが、飛行中に、四つのエンジンのうちの二つが故障してしまい、燃料が足りなくなり、イスラエルの管制塔との連絡がつかなくなった。しかたなく、機体は海に不時着した。乗組員は無事救出されたが、ピアノと油絵は海水のせいで大変な損傷を受けた。

長年の収監の間にマレシュはしだいに体調をくずし、やっと釈放されたときにはかなり弱っていた。共産党は、マレシュが毎週母親に手紙を書くことは許していたが、母親が三年前に亡くなったことを言いそびれていた。アリスがイスラエルへ移住したとき、アリスもマレシュも、いずれ、チェコ市民はソ連の同盟国以外には行けないことになるのを知らなかった。従って、釈放されてもマレシュは西側諸国へも、イスラエルへも逃げられないのだ。アリスがあのままマレシュのいるプラハに残っていても、マレシュが釈放されるまでは、ラフィは義父と一緒に暮らせなかっただろうし、高校を卒業していただろう。アリスはひとりで暮らすことになっただろうし、

アリス。2010 年、107 歳の誕生日に

マレシュと離れている期間が長くなって　ふたりの間には避けられない溝が生じていただろう。やがてアリスは、二度目の夫も亡くすことになっただろう。

マレシュはその晩年、自分の思想や絶望感を自伝に書き残した。未完に終わったが、死後にそれは出版された。彼はラフィを養子にしたいという意志をはっきり表わし、アリスを愛していることも明言していた。† しかし結局、アリスはマレシュに何も言えず、別れを告げることもできなかった。法律上、収監されている者との面会は、家族に限られていたからである。当時、イスラエルにいたアリスと、鉄のカーテンの向こうの国にいたマレシュとの交流は、事実上、不可能だった。マレシュは貧困と病のうちに、一九七一年、亡くなった。その二十年後、ヴァーツラフ・ハヴェル大統領の民主的政府により、ついに彼の無罪が認められたのだった。

今でもアリスはマレシュを思い出す。二〇一〇年、筆者のアリスへのインタビューのときも、アリスは夫レオポルトの話はいっさいしなかった。かわりに、ほほえみを浮かべながら、英雄ミハル・マレシュをいかに崇拝していたかを語ったのだった。

「彼は勇敢な人でした。ほんとうに勇気のある人！」アリスは繰り返し言った。「わたしはほかになすすべがなかったのです。ただもうラフィのために、あのときは、イスラエルで生活を建て直すチャンスをつかみたかったのです。将来、どうなるかを考えるひまなどありませんでした。とにかく、急いでチェコを離れなければならなかったのです。これまでの体験で得た勇気が、逃げるという運命を選ばせたのでした」

いつものように、思い出が次の思い出をたぐりよせた。アリスは目をつぶり、考えにふけりながら、ミハル・マレシュの話をしてくれた。

「彼には、勇気という才能がありました。常に真実を語りました。ほかの人たちはこわがってできなかったのです。恐れがあると、人は諦めます。けれど、勇気はチャンスをくれるのです」そして、しばらくの沈黙ののち、アリスは言った。「それがなかったら、今のわたしはいなかったでしょう。勇気があったからこそです」

第6楽章　ブリキのスプーン

はるか昔に亡くなった夫の良い思い出だけを、アリスは覚えている。

「知識人でした。そして、すばらしい人格者でした。わたしは夫を尊敬していました。夫からいろいろ学びました。夫はわたしを尊敬してくれていました。あるがままのわたしを尊敬し、音楽がわたしにとってどんな意味を持つかを知って、尊敬してくれていました。お互いの尊敬は、幸福な結婚の条件です」

アリスは生まれつきロマンチックな性格だった。それは母ゾフィーと同じだった。しかし、ゾフィーは愛する男を諦め、結婚仲立ち人に〝娘にふさわしい男〟を見つけてくれるよう頼んだ両親の言う通りにしたのだった。その男とはつまりアリスの父だが、花嫁より二十も年上で、田舎の出だった。フリードリッヒ・ヘルツはすばらしい夫となり、父となったのだが、ゾフィーはどうしても夫に愛情を感じることができず、常に、自分は知的レベルの低い男と結婚したと思っていた。夫には、文学や芸術や音楽の知識がなかったからである。

一方、アリスは、夫は自分で選ぶと心に決めていた。母が、夫に対する不満を子どもたちにはっきり言っていたので、母の不幸を知っていたからかもしれない。長じてアリスは、母が父とあまり言葉をかわさないことに気づいた。つまり母は、父の話などつまらないということを態度であらわしていたのだ。しかし、父フリードリッヒの葬儀のときに、アリスは、寛容で面倒見のいい父がどれほど大勢の人から愛されていたかを知ったのだった。

プラハ音楽院でアリスはピアノを学んでいた。その頃、背の高いハンサムなハンガリー人の学生イェノ・カリズがアリスに夢中になった。アリスの熱のこもった弾きぶりにすっかり惹きつけられたのだ。十歳年上の彼は、経験豊富で、あの手この手でありとあらゆる誘惑をしかけてきた。しかし、アリスは振り向かなかった。

「音楽は愛だ。愛は音楽だ†」

彼はそれを何度も何度も繰り返した。彼とアリスは、シューマンの同じ楽曲、幻想曲ハ長調を、同じ先生のもとで勉強していた。ふたりは同じコンクールにいくつも応募し、アリスはたいてい楽々と勝った。しかし、彼がアリスをあきらめる気配はなかった。ついに、アリスは彼に、年の違いをあげて、はっきりと付き合いを拒絶した。音楽院の最後の一年間、アリスは彼を単なる友だち、同志とみなし、その態度を守った。ときどきふたりでデュオをしたこともある。卒業後、彼はハンガリーへ帰り、それ以来、アリスは彼に会うことはなかった。

同じ頃に、アリスは仲良しのトゥルード・クラウスの兄に参ったことがある。イェノとは違い、ルドルフ・クラウスは背も高くなく、ハンサムでもなかった。そのうえ、十五歳も年上の歯科医だった。だがアリスは、彼の洗練された雰囲気に惹きつけられてしまった。タバコを持つしぐさ、ワインのボトルをあける手つき、ささいな質問をするときの言い方まで、魅力的だと感じたのだ。ルドルフはクラシック音楽はまるで知らなかったが、彼の家でアリスが開いたホーム・コンサートにいたく感動した。そう彼は言った。アリスはルドルフが自分を理解してくれていると思っていた。そして、毎週何度か一緒にダンスをするうちに、彼の腕の中にいるときの安心感を強く意識するようになった。彼の欠点や危ういところまでいとしいと思った。生まれて初めて、アリスは激しい恋に落ちたのだった。

数ヵ月後、ふたりは山のホテルで、数人の友だちと一緒に過ごすスキー・パーティを計画した。アリスとルドルフは別々の部屋をとったが、この休暇に抱く期待は、同じではなかったのだ。ルドルフは、アリスが別の部屋をとったのはただの見せかけだと考えていた。アリスは彼と一緒に山で休暇を過ごすことにしたのだから、友だち以上のふれあいが望めるはずだと彼は思っていた。ところがアリスは、彼のそんな行き過ぎに抵抗した。しだいに彼の本心がわかってきていたので、結婚という言葉を一切口にしなかった。また、プラハを出たときから、アリスは彼に対して一抹の疑念を抱いていたのだった。彼は、一緒に行った彼の友だちとはかなり違う感じだった。彼のことがまだ完全にわかっていなかったのかもしれないし、あまりにも年齢差があるせいだったのかもしれない。彼はほんとうに音楽を愛しているのだろうか、それとも、ただ見せかけで興味を示しているだけなのだろうか？ チェコの他の男たちのように、彼にも、ガールフレンドが複数いるのではないだろうか？ 結局、彼は自分の思い通りになんでもできる、成功を手に入れた年上の男性なのだ。もし、彼がアリスをほんとうに愛しているのなら、何かあっても、怒るのではなく、我慢するだろうとアリスは本能的に思っていた。山の帰りに、汽車の駅に向かっていたとき、馬の引く橇がひっくりかえり、アリスは無事だったが、ルドルフは手を骨折してしまった。

プラハに帰ってからは、アリスが両親と住むプラハ七区の家を彼が訪れる回数は次第に減ってきた。橇の事故のことで、アリスは自分が責められているのではないかと思っていたが、やがてわかったのは、アリスが彼と夜を共にしなかったので、アリスとの関係を切ることにしたということだった。当時のプラハではうわさがあっという間に伝わるので、アリスはすぐに、彼が別の女性と会っているのを知ることとなった。アリスは振られたわけだ。しかし、彼の妹から彼が婚約したと聞いて、気持ちが乱れた。彼が自分には合わない男性だとわかっても、やはり心穏やかではなかった。アリスは自分に言い聞かせた。この男性は、わたしを夢中にさせたあのルドルフとは別人なのだ、と。とはいえ、アリスは彼のいない生活を思うと、つらくてたまらなかった。

しかし、常にアリスの人生ではそうだったように、今度もまた、彼女の楽観主義が目覚めたのである。過去を振り返ることをきっぱりやめたアリスは、ピアノの練習にいそしんだ。アリスは自分の辞書から、「……だったらよかったのに」という言葉を消し去った。絶望感を寛容な心に変え、新婚の夫婦に、お祝いの言葉と共に、貴重なアンティークのチェコ・グラスの花瓶を贈った。しかし、ルドルフに対して抱いた激しい恋心が、完全に消えたわけではなかった。彼に振られたことで、アリスは自己のイメージに明らかな幻滅を感じるようになった。百八歳になったアリスは今でも言う。「双子のミッツィは美人でした。でも、わたしは美人ではありませんでした」と。実は、写真を見ても、どちらがどちらか、ほとんど区別がつかないのだが……。

その後、アリスは大きな喪失感を経験することになったが、それがなければ、未来の夫に出会うことはなかっただろう。十代のとき、アリスの親友はトゥルード・クラウスとデイジー・クレンペラーで、何をするにも一緒だった。ところが、デイジーはたった二十歳で、感染症のため亡くなってしまった。もっとあとの時代であれば、抗生物質ですぐに治ったはずだ。ショックでアリスがピアノを弾かなかったのは、長い人生で数少ないことだったが、そのときはピアノに手を触れなくなり、友だちや家族はひどく心配した。

デイジーの葬儀の数日後に、トゥルードがアリスに、ハンブルクに住む親しい友人のレオポルト・ゾマーが、この悲しい出来事について心優しい手紙を書いてくれたと言った。

「こんなことを書いてくれたのよ」そう言って、トゥルードは数行をアリスに読んで聞かせた。レオポルトは、若い乙女の死は、乙女を愛していた人たちにとっては計り知れないほどの悲劇だけれど、デイジーにとってはそこまで恐ろしいものではなかったろうと書いてきたのだった。†

そして、トゥルードとその友だちみんなに、デイジーの死をひとつの警告として受けとめ、それは、これからの人生をしっかり見つめ、何がほんとうに大切なのかをよく考えるようにということなのだ、と書いていた。人の価値を、その人の財産や、業績や、その他のうわさにすぎない薄っぺらな評価で判断してはいけないと語り、人は毎日を意味のあるものにするために努力すること、それが何より重要だと言っていた。

レオポルトの言葉を胸に刻んで、アリスはピアノの練習を再開した。やがてアリスはトゥルードに、レオポルトを紹介してほしいと頼んだ。

アマチュアだが巧みにヴァイオリンを弾くレオポルトは、プラハで育った。両親は高等教育を受けた知的な人びとで、家族一緒に大きな屋敷に住んでいた。息子のレオポルトはビジネスを勉強することにした。ヴァイオリニストとしてプロの世界で通用する能力はないとわかったからである。英語をほぼ完璧に話せる彼は、まずイギリスの貿易会社のハンブルク支社に勤めた。一年に数回、レオポルトはプラハの家族のところへ戻った。そんな帰省のときに、トゥルードは自分の家でハウス・コンサートを開くことにした。お客を大勢呼べば、レオポルトをアリスに紹介するのも自然にできるだろうと考えたのだ。前半はレオポルトが参加して、弦楽四重奏曲を演奏し、後半はアリスのピアノ演奏だった。

コンサートのあと、お茶を囲んで、レオポルトとアリスはかなり話し込んだ。そしてレオポルトは、アリスをすぐ次の日のデートに誘ったのだ。アリスは、この知識に溢れた知的な青年にすっかり惹きつけられていた。穏やかで、ハンサムな彼を実に魅力的だと思った。やがてレオポルトは頻繁にプラハに来るようになった。両親がアリスのことを認めてくれる自信があったので、今度は自分の家でハウス・コンサートを開くことにした。ゾマー家の人びとは最初からアリスに好感を持ち、娘として迎える気持ちになった。

アリスの父が激しい心臓発作で急死したとき、レオポルトは早速ハンブルクからプラハへ駆けつけ、アリスを手伝って、葬儀と埋葬をとりしきった。まるでふたりは運命の糸で結ばれているかのようだった。何度目かのプラハ訪問のとき、ふたりはロマンチックな夕食をすませ、華麗なコンサートを楽しみ、そのあと、傾斜の急な坂道をのぼって、プラハ城へ行った。ふたりは腕を組み、眼下に広がる、明るい灯火に照らされた市内を見下ろした。突然、アリスは言った。今年のうちに結婚できたらうれしい、と言ったのである。それは当然、レオポルトも考えていたことだった。だから、アリスがいきなりそんなことを言い出しても少しも驚かず、ただ、いつにしようか、とやさしくたずねた。

一九三一年、アリスはレオポルト・ゾマーと結婚した。すでにアリスは成功を手にしたコンサート・ピアニストだった。当時のことをアリスは思い出して語った。

「彼はやさしい人でした。でも、わたしはチェコの男性の生き方にいつも恐れを感じていました。どういう意味がおわかりですか?」

アリスが言わんとしていたのは、既婚男性が当たり前のように愛人を作るということだったのだ。アリスは続けた。

「結婚式の日、わたしは彼に、自分が美人でないことはわかっていること、彼が今後たくさんの美人と出会って心惹かれることもあるだろうけれど、わたしはそれをとやかく言うつもりはない、と言いました」そして、アリスはひと息ついた。「わたしはいい夫に巡り会えて、幸運でした。彼は誠実な人だったからです」

ふたりは大げさな結婚式はしなかった。アリスとレオポルトは、プラハの市庁舎で、家族だけの式を挙げ、正式に結婚届けを出した。それが当時のユダヤの民間人の一般的なやり方だった。アリスの兄パウルが唯一の参列者だった。母親やほかの家族は、結婚の署名式のあとで開かれる家族のささやかな晩餐会のしたくをするため、式には出なかったのだ。

アリスの衣装は、白い衿に縁飾りのついた、青紫色の毛織りのオーダーメイドのスーツだった。流行の丈長の上着、革のハイヒールは象牙色で、ストッキングも同色だった。頭にかぶっていたのは、モダンな遊び心のある、オフホワイトの帽子だった。白手袋をした手に小さな毛皮のマフをつけていた。この結婚式で、唯一伝統的なものといったら、花嫁が持つカラーとバラの花束だった。

家に戻ると、晩餐会の前に、アリスとレオポルトはヴァイオリンとピアノのデュオを演奏した。ベートーヴェンのヴァイオリン・ソナタ〈春〉である。ふたりの門出を祝うのにふさわしい曲だ。母ゾフィーは、キャラウェイの種と野生のマッシュルームを入れて作った七面鳥のロース

アリスとレオポルト。市庁舎の前で

トや、おいしいフランスのワインや、プラハでいちばん有名なケーキ屋の高価なケーキなど、ごちそうを奮発した。母親から譲り受けた、大変エレガントな黒ビロードのロングドレスをまとい、夫フリードリッヒが結婚式に贈った、アンティークのガーネットのブローチを衿もとにつけていた。今や未亡人で、一家の家長であるゾフィーが、アリスとレオポルトのために乾杯の音頭をとった。娘がすばらしい夫を見つけてきたのをことのほか喜んでいるようだった。そして、長年、アリスの結婚資金として貯めてきたお金をふたりに進呈した。額は数千チェコ・クラウン、これだけあれば、新婚のふたりが住むアパートに家具が備えられるだろう。ふたりは、母と姉イルマの近くに住まいを持つつもりだった。レオポルトの両親はアリスに、新しいフォルスターのグランド・ピアノを贈った。

一九三七年、アリスとレオポルトは、初めての子どもを授かった。男の子だった。アリスの敬愛する先生にちなんで、シュテパンと名づけられた。(イスラエルでは、それがヘブライ語のラファエルとなる)アリスは新しいピアノで練習をし、若い生徒たちに教えた。レオポルトは事務所へ通い、アマチュアとして室内楽を楽しんだ。夜はよく、ふたりでコンサートや演劇鑑賞に出かけた。週末は、プラハの美術館を散策したり、友だちと過ごしたりした。ふたりのアパートメントは快適だった。幸せなふたりには、おたがいがいて、コックがいて、乳母がいた。しかし、その世界がまもなく永遠に変わってしまう運命が近づいていたのだ。

一九三九年三月十五日、ヒトラー率いる軍隊がチェコを支配下においた。一九四一年、レオポルトがプラハからパレスティナへ出した最後の手紙が残っている。チェコに住むユダヤ人たちは、不満を言わず、普段通りに暮らそうとしているという内容だった。彼は義理の兄フェリックス・ヴェルチに、自分が手紙を書いている隣の部屋で、アリスがベートーヴェンのピアノ・ソナタ第三十一番を練習していると書いた。コンサートのための練習だ。その手紙には、三歳になったばかりの息子のことがたくさん書いてあった。

アリスと息子ラフィ。1938年

「わたしたちは元気ですが、シュテパン（ラフィ）だけがちょっと風邪気味です†。ものすごくよくしゃべるようになり、どこへでもよじのぼっていきます。これまでヴァイオリンをふたつ壊しました。ピアノのそばから離れなさいと言ってもききません。弾きたがってしかたがないのです」

一九四三年、アリスとレオポルトはテレジエンシュタットへ送られたが、そこでは別々に暮らさなければならなかった。仕事のあとでときたま策を弄して、レオポルトは妻子に会いにきたが、ひそひそ声でしかしゃべることができなかった。ときには、ラフィにパンをこっそり持ってきたこともある。ラフィは父の姿を見ると、大喜びしたものだ。

一九四四年九月二十八日、アリスは夫がアウシュビッツ行きの汽車に詰め込まれたところを見た。それが彼を見た最後だった。

「プッツィ、それが夫のニックネームでした」

十一年間の短い結婚生活だったが、夫を深く愛していたアリスは、思い出しながらそう言うと、シンプルな結婚指輪に手を触れた。ナチの毒牙もそれまでは奪わなかった。アリスは両手を組み合わせ、胸にあてた。

「まだまだ若かったのに」

レオポルトはアウシュビッツでは生き残ったのだが、連合軍が近づいたとき、ダッハウへ送られた者たちの中にいた。彼はそこで飢えと寒さのために死んだ。一九四五年三月二十八日だった。ダッハウが四月二十九日に解放される、ひと月と一日前のことだった。

音楽家として、アリスは、子どもの頃から練習をしたり、人前で演奏したりするときに耳を全開にしておくという訓練ができていた。レオポルトの警告の言葉をしっかり聞いていたおかげで、アリスは命を守れたのだった。レオポルトがアウシュビッツに送られる前、ふたりだけになったほんの短い間に、夫はささやいた。

「ゲシュタポが何かをくれると言っても、決してその誘いに乗ってはいけないよ。彼らの言うことを、ぜったいに信じてはいけない。これだけは約束しておくれ」

夫は、自分の運命が恐怖にさらされているにもかかわらず、アリスとラフィが生き残れるかどうかの不安にさいなまれていた。アリスは夫の手をぎゅっと握りしめ、言った。

「はい、約束します」

その日、七歳のラフィが、父のあとを追いかけて走りだそうとしたのを、アリスは必死でとめた。父と一緒に汽車に乗りたいとラフィは叫んだ。数週間後、ナチが、夫のもとへ行きたい者がいたら、全員、連れていってやると言ったとき、アリスはレオポルトの忠告を思い出した。大勢の妻や子たちが競って汽車に乗りこんでいった。しかし、その家族は、夫も妻も子も、だれひとりとして、再び姿を見せることはなかった。

戦後、レオポルトが亡くなったときに共にいた男が、アリスを訪ねてきた。収容所でレオポルトが使っていたという、小さなブリキのスプーンを持ってきてくれたのだ。

今、アリスは靴箱に入れた思い出の品々の中から、そのブリキのスプーンを取り出し、若い夫の写真を眺めては言うのだった。

「わたしたちはいい友だちでしたよ。年がたつにつれてますます深まる、強い絆がありました。『星の王子さま』を書いたサン＝テグジュペリが、すばらしいことを言っています。『愛は、お互いを見つめるまなざしの中にあるのではなく、ふたりで遙かな同じ道を見ることにあるのだ†』と。わたしが戦争後にどうして再婚しなかったかと、みんなは不思議がりました。そうしたいと思ったこともありましたが、わたしはむしろ、日々の暮らしをたて、息子を育てることに専念したのです」

さらにアリスは言う。

「尊敬が愛へと導きます。結婚においては、尊敬のほうが、熱愛より大切だと思います」

第7楽章　もう歳だなんて言わない

いったん決心したら、アリスはめったに後ろを振り返らない。イギリスに住む息子のところへ行くことにして、イスラエルを離れる日も、アリスは後ろを振り返らなかった。新しい人生の幕があくのだ。アリスの姉も双子のミッツィも亡くなっていたので、ラフィがふたつめのふるさとイスラエルをもう離れてもいいのではないかと言ってきたのだった。エルサレムのアパートメントは売却され、荷造りも終わった。

まもなく、アリスがイギリスへ行くことが、友だちや、仕事仲間や、教え子たちに伝わった。そしてしばらくの間、アリスのところにはひっきりなしに、お別れを言いに来る人がやってきた。みんな、アリスがいなくなるのを悲しんでいた。

「エルサレム最後の日は、まるで一日じゅうオープンハウスのようでしたよ」と、アリスは思い出す。「来てくださいとお呼びしたわけではないのですが、家具もない、がらがらのアパートメントに、夜遅くまで次々に人がやってきました。食べ物、写真、プレゼント、わたしが必要としそうな小物、そういうものをいろいろ持ってきてくれました。イスラエル人たちは、とても思いやりがあって、気前がいいのです」

アリスは、涙を浮かべた人びとをほほえみで迎えては言った。

「ロンドンにいらしてね。そんなに遠くないんですから」

アリスが特に悲しく思ったのは、最も親しい友の、ピアニストのイディス・シュタイナー・クラウスと別れることだった。テレジエンシュタットに収容されていたときにはお互いを支えあった仲だったし、建国したばかりのイスラエルへやってきてからは、新しい生活に喜びを分かち合ったものだ。イディスは言った。

「また会えるかしら？　ねえ、覚えている、わたしが初めてプラハのあなたの家のドアベルを鳴らして、スメタナのスラブ舞曲の演奏を聴いてくださいとお願いしたときのこと？」

それに付け加えるように、アリスは言った。

「あなたはすばらしいピアニストでしたよ。とても感動しました。チェコのリズムを体で感じていましたからね。わたしたち、これからもずっと友だちでいましょうね」

その最後の晩、ふたりはこれから毎週一回、電話をしあおうと約束したのだった。

ミッツィのひとり息子のハイム・アドラーが、テルアビブの空港まで車で送ってくれた。ハイムは、一九四九年に、アリスがイスラエルに移住したとき、波止場でアリスを迎えてくれたのだった。いよいよ飛行機が出るとき、アリスと甥はひしと抱き合った。その瞬間、半世紀に及ぶ思い出が、沈黙のうちにふたりの脳裏をよぎった。そして、アリスはしっかりした足取りで、出発ゲートへ向かった。

ラフィはロンドンに永住し、妻シルヴィ・オットと、ダヴィドとアリエルという、幼い息子ふたりと暮らしていた。コンサート活動とともに、マンチェスターで教えるという手堅い仕事も持っていた。しかし、結婚して数年後、一九七八年に、ふたりは円満離婚し、ラフィはフランス人女性のジェナヴィエーヴ・テュリエールと恋に落ちた。パリ音楽院に行っていたときから、数十年来の知り合いだった。ラフィは、ロンドンのギルドホール音楽院のチェロの教授になったとき、マンチェスターへ通うのをやめ、ロンドンで落ち着いて仕事ができるようになった。

高齢の母のことを考え、ラフィとジェナヴィエーヴは、母にピアノ教師をやめて、ロンドンへ移住してくるようすすめた。アリスは子どものときに英語の初歩を学んでいたし、特にイギリスを訪れるときには英語をしゃべるので、それがいい練習になっていた。イギリス訪問は年々、滞在が長くなっていた。従って、英語を極めることは、ヘブライ語を学んだときのように大変ではなかった。アリスはロンドンの活気に満ちた音楽ライフや、そここに見られる大きな樹木、繁茂するツタや、〝何もかもすぐ手に入る〟便利さを満喫した。イギリスの夏の涼しさを楽しんではいたが、アリスがイギリスへ行く唯一の理由は、息子がいることだった。

息子に、自分の近くにいられるように、ロンドンに移り住むのはどうかときかれたとき、はじめのうちアリスは賛成する気持ちになれなかった。退職という言葉は、アリスにとってまったくなじみのない言葉だった。仕事をやめるなんて考えられなかった。

「どうしてピアノ教師をやめなくちゃいけないの?」と、アリスは言ったものだ。

アリスは健康そのものだったし、イスラエルの生徒たちに必要とされていると思っていたからだ。

「わたしは生徒たちが好きですし、生徒たちもわたしを好いてくれているのに」と、アリスは息子に言った。

それに、生活を建て直すチャンスをくれたイスラエルを離れることは、恩知らずな行動に思えるのだった。息子に教育を施してくれたのもイスラエルだったし、息子は二年間、軍隊で働きもした。実は、ラフィはホロコーストの生き残りで、ひとり息子だったので、入隊を免除されていたのだが、ラフィもアリスも、祖国を失ったふたりを受け入れてくれたイスラエルに恩があると考えたのだった。ラフィが軍のオーケストラでチェロを弾き、バンドでサキソフォーンを吹いていたのを、アリスは誇らしく思っていた。

ロンドンへ行くとしたら、アリスは甥や姪や、その子どもたちとも離れることになる。また、新しい生活を営むためには、新しい医者や薬局を捜したり、別の新しい食文化に慣れたり、ロンドンの町を歩き回れるように道を覚えたり、さまざまな文化活動を知ったり……挑戦することがたくさんあるのだ。しかし、いったん移住すると決めたら、アリスはもう躊躇しなかった。楽観主義が目覚めてきた。新しい生活へのプランをたてることに決め、てきぱきとしたくを始めた。ロンドンで購入したアパートメントは、出張の多い人が使うワンルームの部屋で、アリスの大切なスタインウェイのグランド・ピアノを置く場所はなかった。そこで、ピアノを売り、家具もほとんど売り払うしかなかった。出発の日が近づくと、引っ越しじたくはますます忙しくなり、めそめそしている暇はなくなった。結局、アリスという人は、モノに執着しない人なのだ。アリスはアップライトのピアノと、写真と、思い出の小さな品々をロンドンの新しい家へ送りだし、自分がイギリスへ着いたときには、背中にしょったリュック分の衣服を持っていただけだった。こうしてアリスは、エルサレムの居心地のよいアパートメントから、その半分以下のスペースしかないロンドンの部屋に住むことになったのだった。

　ロンドンのハムステッド地区に住み始めたアリスは、すぐさま、体を鍛えるために、毎日の予定を立てた。朝はまず水泳プールまで歩いていき、そこで一時間泳ぐ。小さい頃から泳ぎは得意だった。エルサレムでも、どこへ行くにも歩いていったし、プラハでも歩いてあちこちを探索したものだ。アパートメントに戻ると、少なくとも三時間はピアノの練習をした。いつも、これがアリスの心を支えてくれた。最初の数ヵ月のうちに、チェコとイスラエルからの移民コミュニティに、アリスがロンドンに住んでいるといううわさが伝わると、何人もの生徒がレッスンを求めてアリスのアパートメントを訪れた。まもなくアリスは、コンサートに通うようになり、新しい、よい友だちがたくさんできた。老後を考えて、息子の近くに住むようになったとはいえ、アリスは自力で生きていく術を新たに構築したいという熱い思いを抱いていた。

一九八六年、イギリスに移住してほどなく、八十三歳のアリスは、乳がんと診断された。ラフィは母に付き添って病院へ行き、治療方針を相談した。思慮深い外科医は、アリスを驚かさないようにしながら、くわしく説明してくれた。高齢の女性の乳がんは、若い人のそれに比べてずっと危険度が低いと言った。

「手術はできます。乳房切除もできます。ただそうなると、回復に時間がかかります。ご年齢を考えると、麻酔や手術のほうが、もっとリスクは高くなるでしょう」

「手術をしなければ、どうなるのですか?」と、アリスはたずねた。

「そうですね、あなたのご年齢ですと、がんの進行はゆっくりでしょう。がんの末期までいってつらい思いをするリスクは低いと思いますよ」

そう言われて、アリスがラフィに向けたまなざしは、屈辱にまみれていた。すぐさまアリスは言った。

「それなら、わたしは手術を望みます。できるだけ早くお願いします。がんを除去してください」

ラフィが援護した。

「先生、母はほかのところはどこも悪くありません。健康です。一日に少なくとも一キロ半は泳ぎ、食事にも気をつけています。高齢の老人扱いをしないでください」

この話をしながら、アリスは笑った。

「それから、二十五年たちました。わたしはまだ生きています。息子は正しかったのですよ」

アリスのピアノ演奏、上質のすばらしいユーモア、文学から、ゾウの生態や哲学に至るまで、あらゆることに興味を持つ姿勢、それがアリスと同じアパートメントに住む、元出版社の経営者、ヴァレリー・ルーベンの心を強く惹きつけた。さらに、アリスが高齢のピアニストであることを知り、ますます興味をかきたてられたヴァレリーは、アリスに成人大学のクラスをとることをすすめた。

企業家たちによって、ケンブリッジ大学に創設された成人大学は、大学のもともとの意味である、学問を目的として集まった人びとのための大学であった。そこでアリスが最も刺激を受けたのは、『哲学と人生』を書いたラルフ・ブルーメノだった。ブルーメノによれば、この成人大学は〝いわゆる普通の大学ではなく、試験も、賞も、資格もなく、頭と心を活発に保ちたい熟年期の人びとのためにあるもの〟だった†。その大学の中でもいちばん大きな学舎が、アリスのアパートメントの近くにあり、百四十のコースに、一万五千人が学ぶという、すばらしいところだった。教授陣はすべてボランティアで、中には、学生だけでやっているクラスもあり、学生たちが研究や講義を受け持っていた。だからと言って、勉強は楽ではなく、学位をとるために学ぶのとさして変わらないほどであった。

アリスはすぐさまこの機会をとらえて、ふたつのクラスに登録した。ひとつは〝近代ヨーロッパの歴史〟、もうひとつは〝スピノザとカントの著作について〟だった。一緒に学ぶ学生たちや先生たちが、アリスがほかの学生たちとかなり違っていることに気づくまで、時間はほとんどかからなかった。アリスは指定されたテキストを何度も読み、毎回、教授たちがどぎまぎするような鋭い質問をびしびし投げかけた。歴史研究について学んでいたとき、アリスは正確さと、信頼できる解釈について質問した。

「歴史家が自分の仮説を証明するために、事実を偏見とともに、ねじまげて発表した場合、それをどうやって見分けるのですか？」

一度ならず何度も、アリスは歴史と哲学のどちらを先に学ぶべきなのかという討論に参加した。哲学のしろうとではあったが、アリスは、哲学者の生きた時代の背景や、その人生を決定づけるなんらかの経験を通してこそ、哲学をよりくっきり理解できると思っていたのだ。

アリスが哲学に目覚めたのは、義兄フェリックス・ヴェルチが、プラハ・カレル大学で博士号のために勉強していることを教えてくれたときだった。しかし、スピノザの作品を真剣に読むようになったのは、アリスが成人大学で学ぶようになってからのことだ。ブルーメノ教授のすばらしい著書に、アリスは感動していた。それは古代の哲学者たちが、現代のわれわれの倫理観や、人生観や世界観にどのような影響を与えたかを説明するものだった。

二〇〇一年、ラフィが若すぎる死をとげてからというもの、アリスは今までになく、人生の意味を求めるようになった。これまでに自分が見てきたことは、いったいなんの意味があったのだろうか？　息子の死という、あまりにも残酷な悲しみを超えて、どうやって生きていけばいいのだろう？　スピノザを読みながら、アリスは自分のこれまでの人生の出来事を深く見つめられるようになった。スピノザは、アリスが生まれる二百年以上もまえに死んでいるが、彼の思想は今のアリスにぴったりあてはまり、彼女の信念と共鳴した。生来の実存主義者であるアリスは、完璧な善人も悪人もいないといつも思っていたし、人間の両面への向き合い方は、その個人が決めることだと思っていた。そこでアリスは、自分が直面することには、どんな場合でも全力で向き合おうと心がけた。スピノザは言う。神と自然は同義のものである。神も自然も永遠不滅であると同じように、善も悪も、人間の実存の一部なのだ、と。スピノザは、すべてのものはおたがいに関連しあっていると信じていた。人間は神を愛さねばならないが、神は必ずしも人間を愛してくださるとは限らない。理性と知識を持った人生こそ、最高のものである。スピノザにとって、実存が神なのだ。

アリスは、スピノザの神の定義を受け入れた。無神論者とそしられたこともあるスピノザだったが、永遠不滅の神を愛する、非常に精神的な人物だった。その哲学を基盤として、彼は民主的な価値や、政教分離や、国々と人びとの間の寛容を説く預言者となったのである。十八世紀にアメリカ合衆国憲法の草案を書いたアメリカの父祖たちも、スピノザの近代思想に深い影響を受けていた。若いときに信じていた、ポルトガルとスペインの原理主義的な厳しい思想と決別し、バルク（預言者）・スピノザは、押しつけがましい、愚かしい宗教よりも、本質的な信念を求めたのだった。

アリスは、アルトゥール・ショーペンハウアーとフリードリッヒ・ニーチェに、音楽論を求めた。そのふたりの言葉を覚えていて、よく引用したものだ。忙しくて、コンサートに行かれなかったり、子どもの音楽レッスンの費用が出せない人たちに、ニーチェの言葉を伝えた。

「音楽のない人生は、間違いの人生だ†」

詩も絵画も建築も好きなアリスだったが、あらゆる芸術の中で音楽が最高のものであるというショーペンハウアーの言葉に強くうなずくのだった。

百四歳になるまで、アリスは成人大学へ毎週三回、せっせと通った。長生きと、体と同じく頭もきたえておくための大きな秘訣は学習であるという強い信念を持っていたからだ。さすがに今では成人大学へは行かれなくなったが、ブルーメノ教授はアリスをたいそう買っていたので、一学期に一度は、午後に哲学問答をしにやってくる。

間奏曲

チキン・スープ

二十五年ほどまえのこと、アリスはある食事習慣を自分に課し、それは今まで変わることがなかった。アリスにとって何よりも大事で、かつ限られたもの、つまり時間と健康を確保するために、毎日同じものだけを食べることにしたのだ。何を料理し、何を食べるかを決める時間がいらなくなるので、貴重な時間を節約できるからである。毎週一回の買い物のリストはいつも同じだったから、それも時間の節約になる。一週間分の食事を作りさえすれば、あとはそれを温め直すのに十分、そして食べる。それでおしまいだった。それ以上は必要ないと、アリスは思っていた。

従って、ハプスブルク帝国時代の子どもの頃に食べた、凝りに凝った料理やクリームをたっぷり使ったデザートなどには郷愁を覚えなかった。そんなものとはあっさり決別し、健康的なシンプルなものを食べることにした。カフェインは体によくないと思い、紅茶もコーヒーもやめた。ワインやアルコール類も一切なしにした。アリスの一日はまず、フェタチーズ（ヤギや羊の乳から作った白いチーズ）をのせたトースト一枚、バナナ半分かリンゴひとつ、そしてカップ一杯のお湯から始まる。それが朝食だ。昼食と夕食はチキン・スープだ。

一日に何度もお湯は飲むし、おやつにフルーツをときどき食べる。けれど、ほとんどの日は、それ以外には何も口にしない。だが、人が来て、チョコレートやホームメイドのケーキや、レモン・メレンゲ・パイなどを持ってきたときは別だ。そういうものは、喜んで食べた。食事習慣を決めてはいるけれど、がちがちに守るというわけではなかったからだ。

「わたしは人に頼らずに生きていきたい」

これがアリスのモットーだった。そして、この食事習慣は、ひとりでなんでもできた百五歳になるまで続いた。目が悪くなり、足元もふらつくようになってきたので、アリスはしかたなくチキン・スープを諦めて、食事宅配サービスをとることにした。だが、百八歳にして、まだ朝食は自分で用意し、夕食はトーストとチーズと、昼食の残りを食べている。もちろんチキン・スープに未練はあったが、それでも、きっかり午後一時になると、小さな黒いプラスチックの入れ物に入れられた、チキンなどの肉類に、少量の野菜料理二種を添えた温かい昼食が届くと、わくわくした。何よりも、運んできてくれる若い男性や女性がにこやかにアリスの名前を呼んで挨拶してくれるのがうれしかった。いかにもうれしそうに入れ物をあけ、まったく食欲のわかなそうな食べ物をおいしそうに食べるアリスを見て、友だちのアニタは言った。

「これを喜ぶ人は、あなたくらいよ」

「わたしはおいしいわ。おなかがすいているもの」

そう言いながら、アリスは食べ物を口に入れるのだった。けれども、たまに思いやりのある隣人や友だちが、手作りのチキン・スープを持ってきてくれることがある。それこそ、アリスにとってはうっとりするようなごちそうだった。

九十歳を過ぎるまで、アリスはお客さまのために、甘くておいしいアップルパイを焼いたものだった。レシピは母から教えてもらったもので、それは、モラヴィア人の祖母からの直伝だった。中央ヨーロッパの人びとは、一日のいつにでも食べられる、ナッツやフルーツが入った、こってりしたケーキを好んだものだった。アリスはよくアップルパイを、お茶の時間にお客さまに出したものだ。

チキン・スープ

材料

- **タマネギ**　大２こ、大切り
- **ニンニク**　大２こ、乱切り
- **セロリ**　５本、長さ７センチくらいに切る
- **ニンジン**　８本、薄切り
- **ピーマン**　½こ、乱切り
- **パースニップ**　２こ、乱切り
- **トマト**　小１こ、乱切り
- **生パセリ**　¼カップ
- **生ディル**　１カップ
- **クノールのチキン・スープの素**（キューブ）
- **クローブ**　６こ、丸ごと
- **チキン**　１羽分（1.5 キログラムくらい、半分に切ったもの）
- **ニラネギ**（白い部分のみ）
- **ワケギ**　７つ　丸のまま、皮をむく
- **塩**　大さじ１
- **コショウ**　挽いたもの、小さじ½
- **ディルの小枝**　飾り用

● 2.2 クウォートの水を入れたスープなべに、タマネギ、ニンニク、セロリ、ニンジン、ピーマン、パースニップ、トマト、パセリ、ディル、チキン・スープの素、クローブを入れる。
●なべを沸騰させ、ふたをして、30 分、弱火でことこと煮る。それにチキンを加え、塩、コショウをする。また沸騰させてからふたをし、30 分、ストーブの上でことこと煮る。
●ニラネギとワケギを加え、また沸騰させてから、ふたをし、1 時間、ことこと煮る。味を見て、塩とコショウを入れる。
●スープがさめたら、チキンを取り出し、骨と肉を分ける。
●肉を薄切りにしたものをスープに戻す。浮いた脂をとる。（筆者はスープを冷蔵庫に入れて冷やし、スープに浮いた脂分をすべて取り除く。）
●再び温めてから、飾りにディルを入れ、焼いたフランスパンや、イタリアパンと共に供す。前菜として、４人分。

アリスのアップル・ケーキ

材料

- **小麦粉**　2カップ
- **ベーキング・パウダー**　小さじ2
- **ベーキング・ソーダ**　小さじ1
- **オールスパイス**　小さじ¾
- **シナモン**　小さじ2
- **ナツメグ**　小さじ1
- **クローブ粉**　小さじ½
- **ブラウン・シュガー**　1カップ
- **白いグラニュー糖**　1カップ
- **全卵**　大3こ
- **バニラ・エッセンス**　小さじ1
- **無塩バター**　2本（16オンス）　やわらかくしたもの
- **グラニー・スミス・リンゴ**　または　**ゴールデン・デリシャス・リンゴ**　4こ　皮をむき、芯を取り、乱切りにしたもの
- **カルバドス酒**（お好みで）大さじ3
- **クルミ**　1カップ、刻んだもの
- **レーズン**　¾カップ
- **粉砂糖**　大さじ2

●あらかじめオーブンを175度に熱しておく。
●ドーナツ状の型またはスポンジケーキの型の内側にバターを塗り、型の底と側面がべたべたしないように、小麦粉をまぶしておく。余分な粉を払う。
●小麦粉、ベーキング・パウダー、ベーキング・ソーダ、オールスパイス、シナモン、ナツメグ、クローブをまぜて、ふるっておく。
●ブラウン・シュガーと白いグラニュー糖を加える。卵、バニラ・エッセンス、やわらかくしたバターを加える。ビーターで4分間、よくまざって、ねっとりするまでかきまぜる。
●リンゴの皮をむき、芯を取り、乱切りにし、クルミを刻む。お好みでカルバドス酒をリンゴにふりかけ、何度かふりまぜる。ボウルの底にたまった液体は捨てる。さっきの練り物の中に、リンゴ、クルミ、レーズンを加える。オーブンで1時間焼く。焼き上がると、中味が縮んで、型からはずれやすくなるので、取り出し、お皿に載せて、冷ます。テーブルに出すまえに、粉砂糖を大さじ1、2杯、上にふりかける。

第8楽章　音楽はわたしたちの食べ物

テレジエシュタットに来てから三日目のこと、アリスは次の週にリサイタルを頼まれた。即座にアリスは応じた。

「それなら、練習をしなくてはなりません」

当時を思い出して、アリスは言う。

「信じられます？　ナチは、毎日わたしが仕事に行くまえに、一時間だけ練習時間をくれたのですよ」

かの地でアリスが課せられた最初の仕事は、洗濯だった。やがて兵器に使う雲母を細かく砕く仕事をさせられることになった。これは、ピアニストの指には危険な作業だった。

次の日、アリスは朝九時から十時まで、練習ができる部屋を与えられた。すぐさまアリスはショパンのエチュードをさらいはじめた。ところが、ペダルは動かず、キイがいくつか沈んだまま戻らないのがわかった。それでも負けず嫌いのアリスは、ピアノの限界に挑戦しつつ弾くことにし、だめなものはだめと諦めて弾き始め、音楽に没頭した。

「少なくともわたしは音楽をやっていたのです。それだけでわたしは幸せでした」

当時の状況を思い出して、アリスは語った。暗譜で弾けるアリスは、変イ長調のエチュードのメロディに浸りきっていたので、ドアが開き、だれかが歩いてくる足音にも気づかなかった。アリスがはっとして手をとめると、聞き慣れた声がした。

「すばらしいよ、アリス。こんなぼろピアノなのに」

それはプラハで知っていた、快活で、ハンサムな作曲家ハンス・クラーサだった。最後に会ったときに比べると、かなり老けて、やせていた。

「まだここにいてくださってよかったわ。お元気？」

アリスは涙をこらえられなかった。テレジエンシュタットに来てからというもの、毎日、そこらじゅうでアリスは母の姿を探し求めていた。会う人ごとに母を見たかとたずねた。恐ろしい現実を知ってはいても、たずねてしまう。クラーサはアリスの母を知っていたし、アリスが著名なピアニストだということも知っていた。アリスの元気かという質問には答えなかったが、チェコ人らしいユーモアでこう応じた。

「そうだ、きみをぼくの城に招待できなくて残念だよ。悪いね。だけど、ピアノを聞かせてくれないか？」

一九四〇年六月十日、ゲシュタポがプラハから車で一時間ほどの町テレジンを支配下におさめ、たちどころに、煉瓦におおわれた十八世紀の守備隊駐屯の町をゲットー（ユダヤ人居住地域）にしてしまい、隣接する小さな砦を、政敵収容の牢屋にしてしまった。そして、その年の暮れまでには、チェコ人たちを町から追放し、ユダヤ人の若者や頑強な者たちを送り込み、収容所を作らせたのだった。

テレジエンシュタットというドイツ名がついているのは、一九四一年十一月二十四日にヒトラーがそこを〝モデル〟収容所としたからである。ラインハルト・ハイドリッヒとアドルフ・アイヒマンによって、ナチがヨーロッパのユダヤ人の大量殺戮をしている事実を巧みに隠すため、対外的には、温泉の町として知られるようにした。ユダヤ人たちが戦争を逃れて、安全に暮らせる場所というふれこみだった。ひとつの策略は、ここだけが、ユダヤ人たちが来る許可を得られ、特典が与えられ、費用を出せば旅行もできることになっている、ということだ。高額ではあったが、与えられた家から、おだやかな湖や美しい山の景色を見ることもできた。しかし、それらすべては、ナチがユダヤ人を殺戮するまえに、彼らの持ち金や宝石や土地を奪うための策略に過ぎなかったのである。

まだプラハに住んでいた頃、アリスとレオポルトは、いやなうわさを聞くようになった。かの地で人が死んだり、病気になったり、衛生状態が悪くなったり、水が汚染されている、などだ。

やがて、初めて、テレジエンシュタットからさらに東へ人びとが送られるようになると、そのうわさは俄然真実味を帯びた。居心地のいいアパートメントを追い出されたチェコスロヴァキアの市民権をもつユダヤ人——その中には、音楽家、作家、科学者、教師もいた——いっしょくたに、プライバシーもなく、衛生状態劣悪の、食べ物もない、換気のできない部屋に詰め込まれたのである。テレジエンシュタットは、ゲットーであり、収容所でもあった。

収容された人びとのほとんどは、広い軍隊用の掘っ立て小屋、またはかつて町に住んでいた人びとが建てた家族用の小さな家に押し込まれた。そのあとやってきた人びとは、もと事務所や学校だった広い場所に詰め込まれた。当初の最大の問題は、トイレの不足だった。人びとは長い列をなして順番を待ち、しかもトイレットペーパーは使わせてもらえなかった。病気の子どもや老人でも、順番を守らねばならず、前へ進めさせてもらえなかった。

ナチの幹部の厳しい監督のもとにあった、プラハのユダヤ評議会のユダヤ人たちで、テレジエンシュタットへ送られた多くの人びとは芸術家だった。音楽家、画家、作家などだった。テレジエンシュタットへくるとすぐに、音楽家たちはひそかに音楽活動を始めた。収容所では、原則、音楽は禁止だったのだが。音楽家の多くは、楽器をこっそり持ち込んできていた。チェロを隠し持ってくるために、ばらばらにして、服の間に入れ、男性の宿舎に入ってから、それを貼りあわせた者もいた。地下室や屋根裏部屋で人目を避けて練習するようにしていたが、見つかるのは必至だった。ところが、驚いたことに、罰せられるかわりに、もっと頻繁に演奏することを求められたのである。

ナチは、この温泉保養所というカモフラージュの場所で、音楽や美術のイベントを行なうことが、外の世界の人びとに、ユダヤ人たちが元気でいることを知らしめるための大きな宣伝になると考えた。そこで、収容者たちに、〝レクリエーション委員会〟を作らせて、コンサートやレクチャーやその他のイベントをするよう命令した。そこで、ハンス・クラーサが音楽セクションの長に任命された。コンサートのプログラムを書いたお粗末なポスターが作られて、あちこちの宿舎の壁に貼られた。すると、大変な反響があり、入場制限をするためのチケットが配られることになった。収容者はお金を持っていないので、チケットは無料だった。音楽評論家も、批評を書いてもらうために招待された。テレジエンシュタットの収容者の中には音楽家がたくさんいた。一時期は、オーケストラが四つも結成されるほど、奏者が大勢いたのである。テレジエンシュタットはナチの支配下にあるヨーロッパでたった一ヵ所、ジャズが演奏されたところだった。だが、ナチはそれを〝堕落した音楽〟だと言って、すぐさま演奏禁止にした。ジャズはアメリカのものであり、また、黒人やユダヤ人によって演奏されるものだからである。

音楽家たちは、コンサートを控え、あたかも世界中の人びとが聞いてくれることになったかのように緊張し、熱を込めて準備に入った。収容所の人びとを元気づけるためだけでなく、お互いを励ましたいという気持ちもあった。アリスは言った。

「状況が厳しくなればなるほど、わたしたちは完成度や、音楽することの意味を夢中で求めるようになりました。音楽は、自分の内なる心や価値を思い出すための手段でもあったのです」

戦後、テレジエンシュタットでの音楽の出来はどうだったかを聞かれたとき、イディス・シュタイナー・クラウスはむっとした。

「当然、あなたは、リズムとか表現とかバランスとか発声とか、そういうものについておっしゃっているんでしょうそんな表面的なことについてたずねられること自体、腹が立ちます。そんなものが何より重要みたいじゃないですか。わたしたちは、音楽の根源に立ち返って演奏したのです……なのに、人がテレジエンシュタットのことを話すときに、なぜそういうことをたずねるのか、その気が知れません。あなたがたは何もわかっていないのです。音楽のほんとうの意味がわかっていないどころか、わかろうとさえしていないのです。当時のわたしたち音楽家にとって、音楽は精神を支えるものであり、音楽家はその技術をもって、収容所の人たちを元気づけていました。批評だとか、表面的な価値判断を超えたところに意味がありました。わたしたちの存在が音楽だったのです†」

演奏中は、収容所の人びとは飢えを忘れ、自分の置かれている環境をも忘れた。東部へ送られる者のリストに載るかもしれないという恐怖に加えて、飢餓やチフスやほかの病気で死ぬかもしれないという恐怖が現実のものとなってきていた。ユダヤ人に薬はいっさい与えられなかった。毎日、何百人もの遺体がトラックで運ばれていった。テレジエンシュタットの門をくぐった十五万六千人以上の人びとのうち、ほとんどが、東部にあるアウシュビッツやその他の死の収容所へ送られたり、病気で死んだりした人びとで、一九四五年五月八日に解放されて生き残ったのは、たったの十一パーセントだった。

作家イヴァン・クリマは、戦争が終わってから、テレジエンシュタットでの最初の夜のことを書いた。当時、彼は十三歳の少年だった。大勢の歳とった病人たちの中に、ひとりぽつんと座って、スメタナのオペラ〈売られた花嫁〉を見ていたという。†

「衣装もつけず、オーケストラもなく、セットもなかった。寒かった。それにもかかわらず、ぼくたちは音楽に魅せられていた。大勢の人が泣いていた。ぼくも泣きたい気持ちになった。何年もたってから、すばらしい演出のオペラを見たが、ぼくが見たあのオペラの感激にはとうてい及ばなかった」

ナチが見落としていたのは、音楽が演奏者にも、観客にも、やすらぎと希望を与え、それはナチの恐怖をも超える力をもたらすものだということだった。テレジエンシュタットで書かれた作品、そこで開かれたコンサート、それらは敵を迎え撃つ道徳の勝利だった。音楽家たちがもたらしたすばらしい文化の力は、多くの囚人の絶望を押し返す楯となった。音楽を通して、演奏家たちは自分たちの存在感を再認識し、聴衆は音楽を聴いて時空を超え、演奏の間だけでも、自分たちの人生を肯定するおだやかな気持ちになれたのだった。

ナチがユダヤ人の演奏活動を禁止したため、強制収容の前から、プラハで行なわれるコンサートはその場所を秘密にし、密かに行なわれるようになった。一九三九年の末まで、プラハのユダヤ人孤児院はそういう場所のひとつだった。劇場には百五十人が入れるのだが、夜に、そんなに多くの人びとが出入りすると目立ってしまって、危険だ。聴衆の多くは、床に寝て夜を過ごし、つかまらないようにした。コンサートの雰囲気は、毎日の厳しい制限や、恥辱や、常に変わる取り決めや、すぐに逮捕という、つらい現実とはまったく違ったものだった。アリスはしばしば、孤児院で通常と同じコンサートを行なった。

「聴衆は、ベートーヴェン、シューベルト、チェコの作曲家、メンデルスゾーンの曲を聴きたがりました。どれもナチが禁止した音楽です。普段、わたしたちは、そういう音楽を聴きませんでした。聴かないようにしていたのです」と、アリスは言った。「ヒトラーはメンデルスゾーンのすべての思い出を消し去ろうとしました。ほんの一世紀前には、ドイツの英雄と目されていた人ですよ、それをただ、彼がユダヤ人だという理由で、抹殺しようとしたのです。そんなこと、信じられます?」

メンデルスゾーンは、ルター派に改宗し、キリスト教の教義についての本も書いている。

「ナチは、彼の楽譜を焼き、彼の銅像を運び去り、肖像画を壊したのです。一九三六年十一月十日の夜、ライプツィヒのゲヴァントハウスの前で、トーマス・ビーチャム卿が指揮をしているコンサートの最中に、そんな行為に及んだのです。いったい、ナチは何を考えていたのでしょう?そのときのことを今でも人びとは、最悪の出来事だったと言います。ヒトラー体制は狂気にまみれていました。ですから、わたしたちはそのときに自問すべきだったのです。物故者に対してこれほど残酷なことをしたのだから、生きているユダヤ人はいったいどんな目にあうのだろうか、と」

孤児院長の息子ルーディ・フロイデンフェルトの依頼で、アリスは年若い聴衆のためにいくつかの曲を演奏することにした。教師でもある彼は、ポーランドやその他東欧の国々からプラハへやってきた大勢の子どもたちを助けようとしていた。親たちがプラハのほうが安全だと勘違いしていたからだった。今や、ユダヤ人の子どもたちは教育を公私ともに受けられなくなってしまった。だから、することもなく、時間だけが過ぎていたのだ。

一九三八年、ハンス・クラーサは友人のアドルフ・ホフマイステルによるおとぎ話にもとづいた短いオペラを作曲していた。まだ一度も上演されたことがない一幕もので、タイトルは〈ブルンディバール〉（チェコ語で小さな蜂）という。主人公の名前だ。理由はよくわからないが、ナチは子どもたちの芸術活動を禁止しなかった。そこで、クラーサとホフマイステルは、暇をもてましている子どもたちのために、このオペラを子どもたちに上演させようと考えたのである。セット作り、衣装作り、セリフを覚えること、練習と本番、それらは、外で遊べない子どもたちにとって、すばらしい気分転換だった。まもなくオペラの準備が始まった。目標は、孤児院で行なわれる本番の舞台だ。一九四二年の初め、ごく少人数を前に、通し練習が行なわれた。そのあと、ナチは子どもたちを収容所へ送りだしはじめたのだ。クラーサやホフマイステルやフロイデンフェルトら、先生たちも一緒だった——行く先はテレジエンシュタットに新しくできた収容所だった。テレジエンシュタットに来た初めの頃は、アリスも室内楽のコンサートをすることができた。しかし、ほとんどの弦楽器奏者たちはすぐにアウシュビッツへ送られてしまった。不衛生なところで飢えにさいなまれながらも、毎日工場で働く義務があり、演奏し、ラフィの世話をし、時間がありさえすれば、ラフィとほかの子どもたちにも、初歩のピアノのレッスンをしてやった。それが不思議な功を奏して、アリスは決して希望を失わずにすんだ。一方、ハンス・クラーサは例のオペラ〈ブルンディバール〉の再上演を考えていた。大勢の子どもたちのいくらかでも、しばらくの間、つらさを忘れられることができるようにしてやりたかったのだ。ルーディ・フロイデンフェルトは、こっそりピアノ伴奏スコアを収容所へ持ち込んでおり、クラーサはそれを、そのときにいた十三人の奏者で演奏できるように編曲した。たいへん変わった編成だった。ヴァイオリン、チェロ、ピアノ、アコーディオン、トランペットで、それらを若者と年配者が演奏することになった。デンマークの十歳の少年がトランペットを担当することになった。その年齢の者にはかなり難しい曲だった。フロイデンフェルトは子どもたちに音楽を教えながら、指揮棒を振った。

アリスは、ラフィも出演のチャンスがあれば喜ぶと思った。そこで、クラーサにラフィのオーディションをしてほしいと頼んだ。ラフィの声はくっきりしていて、音程も正確で、チェコ語をみごとに操った。そこで、ラフィはスズメの役をもらい、短いソロを歌うことになった。たった七歳のラフィは、最年少のキャストだった。

〈ブルンディバール〉は、善が悪に打ち勝つ、いわば道徳的なおとぎ話である。ペピチェックとアニンカには、病気の母親がいる。医者はミルクを飲ませなさいと言い、それがないと死んでしまうと言う。しかし、貧乏なのでミルクが買えない。手回しオルガン弾きのブルンディバールが、それを通りでかきならしているのを見て、ふたりは歌いだし、村人たちがお金を恵んでくれるのを期待する。しかし、意地悪なブルンディバールはふたりを追い払う。そこへ、動物たちがやってくる。犬と猫とスズメが助けにきてくれたのだ。ふたりは動物たちと一緒に子守歌を歌う。村人たちはそれに感激して、お金をたくさん投げてくれる。それをとっさにブルンディバールが盗む。子どもたちと動物たちは彼を追いかけ、お金の入ったかばんを取り返す。子どもたちがマーチを歌い、悪の権化のブルンディバールに勝ったのを喜ぶシーンでオペラは終わる。ブルンディバールは、つまりヒトラーのことだった。

聴衆はオペラの寓意的な抵抗のメッセージを大いに歓迎した。ナチは、オペラというものはドイツ語で演じられなくてはならないと言ったが、〈ブルンディバール〉の五十五回の公演がすべてチェコ語で行なわれたことは不問に付した。それは驚くべきことだった。おそらくナチは、わざわざ台本を翻訳するつもりなどなかったのだろう。ユダヤ人の子どもたちによる演劇など、たいしたものではないと考えていたからである。そして、皮肉なことに、ナチはスイス赤十字に見せるための宣伝映画に、この小オペラを利用しようとしたのだった。一九四四年、「ヒトラーがユダヤ人に与えた町」という宣伝映画が作られ、ラフィがスクリーンの左端の最前列で箱の上に立って歌う姿が見られた。キャストの最年少だったからである。ラフィは舞台に乗ることができて、大喜びだった。そして言ったものだ。

「大きくなったら、俳優になりたい」

アリスは〈ブルンディバール〉に出演したラフィやほかの子どもたちが、この公演で計り知れない力を得たとはっきり思った。アリスは言った。

「歌や演技をしながら、子どもたちはオペラの魔力に浸り、あたかもふるさとへ帰ったかのような解放感を味わっていました。ほんのいっときでも、飢えや恐怖を忘れることができたのです」

今日でも〈ブルンディバール〉は、子どもたちのために作曲された唯一、第一級のオペラである。世界じゅう、歌劇団や学校などでさかんに上演されている。

そのうちに、収容所の人びとは家々や倉庫の地下にあった、少しはましなピアノを見つけ出し、それをかつての市民ホールの広い部屋や、マグデブルク兵舎に運びこんだ。そこで初めて〈ブルンディバール〉が上演された。時おり、収容所にはいわゆるＶＩＰがやってくることがあった。するとナチは、倉庫に入っている、ユダヤ人たちから略奪した楽器から、さらにましなものを持ち出してくるのだった。調律技術を持つユダヤ人が、ピアノを調律した。一九四四年半ばまでは、アリスに与えられた練習時間も、一日二時間に増えていたので、コンサートをもっと頻繁に開けるようになっていた。ソリストと共演するときには、ラフィが譜めくりをしてくれた。とても敏捷で的確だったので、他のピアニストのときも、ラフィは譜めくりをしたものだ。

一九四三年夏と最後の解放までの間、アリスは百回以上ものコンサートをこなした。ほとんどが、暗譜している膨大な曲から選んだものを弾くソロ・リサイタルだった。最初に収容所へ来たときには、演奏の間、レオポルトとラフィはいつも最前列に座っていた。コンサートにはほとんどの場合、ベートーヴェンのソナタを一曲、ショパンかシューマンの曲、そして、チェコの作曲家の作品のいくつかがプログラムに入っていた。ヴィクトル・ウルマンら批評家たちが、アリスのコンサートの批評を書いた。ウルマンは、レクリエーション委員会の音楽批評家としてテレジエシュタットに来ていて、ピアニストの練習時間の配分も任されていた。コンサートの最中、彼はさかんに紙に鉛筆を走らせた。レクリエーション委員会の事務所では原稿をタイプすることが許されていた。そこで彼は原稿のコピーをいくつか作り、ピアニストにもそれを渡してくれた。一九四四年にアウシュビッツに送られるまえに、彼はアリスに対し、聴衆に〝すばらしい時間を贈ってくれたこと〟への感謝の言葉を綴った。それは戦争後発見されたウルマンによる二十七の批評の中のひとつである。

ショパンのエチュード二十四曲を全曲演奏するコンサートを、何度かアリスは行なった。最高の環境でも気が遠くなるような、大変なコンサートである。ある批評家はアリスを、「ショパンが乗り移ったかのようだ」と形容した。† 「芸術家ヘルツ＝ゾマー夫人は、若きショパンのメランコリーと優しさを、究極の完璧さで永遠のものにすることができる唯一のピアニストである」

収容所にいた少女アンナ・フラコーヴァは、そこでアリスの演奏を聞いたことでピアニストになりたいと思ったとはっきり言っている。戦後、彼女はピアノと声楽を学び、現在は、ブルノの音楽院の声楽講師をしている。アリスは言う。

「わたしたちには競い合う気持ちなどありませんでした。ただもう必死で演奏し、それがみんなを元気づけられる手助けになるように、そして、一緒に未来の夢を見たいと思っていました。一九四四年のいつだったか、新しくピアニストがやってきて、バッハのイタリア協奏曲を、わたしとのジョイント・コンサートで弾きたいと言いました。当時、楽譜などはもちろん禁止されていたのでありませんでしたし、その曲を暗譜していたわけではありませんでした。そこで、イディスが手をあげてくれたのです。手書きで楽譜を書きました。三楽章まですべて暗譜していたのです」

そして、アリスはお得意の言葉を付け加えた。

「最高でした」

アリスはパヴェル・ハースの〈三つの中国の歌〉を思い出して、にっこりした。† ハースがバス歌手のカレル・ベルマンのために作曲した曲である。

「収容所で、中国の愛の詩に基づいた曲を作曲するなんて、ハースはたいしたものです」

その曲はたいへんな評判になり、戦後、ベルマンは、ハースの思い出の曲として、プラハでこれをよく歌ったものだった。

　アリスは練習でときどきピアノ伴奏をした。ヴェルディのレクイエムの本番で一、二度、伴奏をした記憶もある。アドルフ・アイヒマンが主催する国際赤十字団の訪問歓迎イベントが迫っていたので、指揮者のラファエル・シャヒターがアリスにピアノ伴奏を頼んだのだ。一九四四年半ばまでには、レクイエムを演奏できるほど大勢の演奏者が残っていなかった——すでにアウシュビッツに送られていたのだ。アリスは言う。

「ですから、シャヒターはピアノ一台の伴奏だけで、レクイエムを演奏しなければならなかったのです。ピアニストにとって、とても難しい曲でした」

　指揮者はやっとのことでスコアを一冊だけ収容所へ持ってきていた。それだけを頼りに、彼はソリストにメロディと歌詞を耳だけで丸覚えさせた。ソリストは全員、暗譜で歌ったのである。また、シャヒターは合唱団を結成しても、メンバーが次々にアウシュビッツに送られていくので、人数が減っていくため、そのたびに少なくとも三回は練習させなければならないはめになった。その話をするときにアリスが決して忘れないのは、カレル・ベルマンが十五回の公演すべてにおいて、バスのソリストを務めたことである。

　収容所の人びとの中には、シャヒターがキリスト教の教義にもとづくレクイエムを上演することに異議を唱える者がいた。ユダヤ教の教義にもとづく曲を演奏すべきではないか、と。また、チェコ人の多くは、チェコの作曲家の作品をとりあげるべきではないかと思っていた。アリスは言う。

「シャヒターとソリストたちは、ヴェルディのレクイエムをすばらしいと思っていました。モダンで、普遍的な作品だからです」

一九四四年六月二十三日、シャヒターの〝御前演奏〟が、ナチの主催で、国際赤十字団のために行なわれた。

十月二十八日、二千人のユダヤ人を乗せた汽車が、テレジエンシュタットからアウシュビッツへ向けて出ていった。最後の輸送だった。そして、そのほとんどが、十月三十日にガス室へ送られたのだった。ヒムラーの号令で、ガス室の扉が閉められた。ナチは敗戦の恐怖に怯えていたので、証拠のユダヤ人たちを消し去ってしまいたかったのだ。一九四四年十一月には、アリスの友人や仲間たちのほとんどが、この世から消えてしまった――チェコ・フィルハーモニー管弦楽団の次席コンサートマスター、エゴン・レデッチ、指揮者のラファエル・シャヒター、作曲家のパヴェル・ハース、ヴィクトル・ウルマン、ハンス・クラーサ、キデオン・クラインなど。優れたピアニストとして収容所に残ったのは、アリスと友人のイディス・シュタイナー・クラウスだけだった。戦争直前の数ヵ月の間に、すでにアーリア人と結婚していたユダヤ人は、ガス室送りを免れ、テレジエンシュタットへ送られたのだった。アリスの兄パウルはそのグループに入っており、ヴァイオリンを持ってきた。子どものときには、アリスとパウルはよくヴァイオリンとピアノでベートーヴェンのソナタを演奏したものだった。

テレジエンシュタット収容所での音楽環境は劣悪だった。楽器は不完全で、壊れていたり、ピアノの脚がなかったりして、コンサートには不向きだった。それでも、アリスは心をこめて、ベートーヴェンやシューベルトのソナタの演奏に、最後の磨きをかけた。心の内とその指先に宿る音楽が、アリスの唯一の財産だった。アリスは自信をもって、丁寧にプログラムを練った。収容所では決して味わえない、人生の豊かさや輝きを演奏によって感じてもらいたかった。アリスは言った。

「すごいことをしていたわけではありません。できることをどんどんやっていただけなのです。とにかく必死で走っていました。いつものように仕事もしました。練習をしないことなど、考えられませんでした」

演奏会場に見立てた風変わりなホールで、アリスは演奏した。聴衆の中には、著名な人びとがかなり混じっていた。心の潤いを求め、それを保ちたくて、アリスの近しい友のラビ（ユダヤ教指導者）のレオ・ベック、その友人であり同志のヴィクトル・フランクルは、いつも舞台のすぐ前に座っていた。ヨーロッパの大きなホールでしかアリスの演奏を聴くチャンスがないような人びとが、ここでは大人も子どもも体を寄せ合って座っていた。ヘンリー・キッシンジャーのおばのミンナ、ジークムント・フロイトの妹アドルフィーネ、フランツ・カフカの妹オットラ、そして、チェコの音楽関係者のほとんどがいた。

アリスは言うのだ。

「音楽はわたしたちの食べ物でした。それだけははっきり言えます。精神的な支えがあれば、普通の食べ物は要らないかもしれません。音楽は命です。わたしたちは、音楽をあきらめたりしませんでした。あきらめることもできないし、あきらめるつもりもありませんでした」

第9楽章　ヒトラーがユダヤ人に与えた町

一九四四年の春を思い出し、アリスはあきれたように首を振った。

「ナチは、六月二十三日に赤十字の代表団が視察に来るので、テレジエンシュタットを〝美しい町〟として宣伝しました。ナチはわたしたちに、この町を誇りに思えるように、なおいっそう仕事に励まなくてはならないと言いました。わたしたちは笑いとばしました。そんものはまやかしだとわかっていたからです」

国際赤十字が、ナチにテレジエンシュタットの視察を強く求めてきた。収容所の人びとが、ドイツが言うようなよい待遇を受けているかどうか、疑問を抱き始めていたからだ。とうとうナチは三人の代表の視察を受け入れることにした。デンマーク赤十字からひとり、スイス赤十字からふたりである。視察は厳しい監視下におかれた。三人は町を歩き回ったり、人びとに勝手に話しかけたりしてはならない。ナチの秘密警察が常に同行し、前もって決めておいたもの、それも特別に手入れをした建物や、予行演習をした光景だけを見せた。

すべての前線からドイツ軍が退却しはじめていたにもかかわらず、ユダヤ人に対するマル秘作戦は加速していた。最終解決策の作戦をたてていた者たちは、当初の予定を遂行するために邁進した。つまり、ユダヤ人絶滅作戦である。それでもなお、ナチの高官はおのれの身を守るために、〝ユダヤ人問題〟について、西側の人びとをだまそうとしていた。ナチは、赤十字の人びとを一日〝物見遊山〟させればうまくだませると考えていたが、念には念を入れて、もっと大がかりな宣伝が必要だと思った。町を〝美化〟するために収容所の人びとを働かせていたときに、ナチは最高の宣伝材を見つけた。それは、ドイツの有名な俳優であり、監督であるユダヤ人のクルト・ゲロンだった。ナチは彼も妻もアウシュビッツへは送らないと言ってゲロンを巧みに誘った。

かつて一九二八年、ベルリンでベルトルト・ブレヒトの〈三文オペラ〉のプレミア公演があったとき、ゲロンはオープニングの歌〈マック・ザ・ナイフ〉を歌い、それは忘れがたい名演だった。そして彼は、マレーネ・ディートリッヒが出演したドイツ初の音声映画「嘆きの天使」で、キエペルトという魔術師の役を演じ、名声を勝ち得た。テレジエンシュタットに収容されていたゲロンは、ナチがユダヤ人に、〝温泉〟のある町で、〝すばらしい暮らし〟をさせてもらっていることを広く知らしめる映画を作るように命ぜられたのである。秘密警察がセットに常駐し、ゲロンに大声で命令した。演劇を見て、ユダヤ人たちがいかにも楽しそうに笑っているシーンを撮らせようとした。しかし、ユダヤ人たちは笑おうとしなかった。笑えなかったのだ。すると、秘密警察がいきりたって、笑えとどなるので、ゲロンは怯え、汗をかきかき、ユダヤ人の俳優たちに、どうかカメラに向かって笑ってくれと頼んだ。ゲロンは監督の勘を働かせ、自分の太った腹をぷるぷる奮わせ、みんなのゲラゲラ笑いを誘った。貴重な笑いの瞬間だった。のちに、クルト・ゲロンは、収容所で撮影された唯一とされる映画の、この欺瞞の名声を背負うことになる。

撮影が始まると、たちどころにナチのペテン作戦が動き出した。それまでも奴隷のようにこきつかわれていたユダヤ人たちの仕事は、建物の内装や外装のペンキ塗りになり、その建物が撮影された。人びとがひしめきあって暮らしているところを隠すために、ナチは年配者と病人合わせて七千五百三人を大急ぎでアウシュビッツへ送った。一九四四年五月十六日から十八日の間にである。女性たちの住んでいた建物では、三段の寝棚の上の三段目がとりはずされ、窓にはカーテンがかけられた。本があちこちのテーブルに載せられて、団らんのムードを出すようにした。木や花が植えられ、通りや建物にドイツ語の名前のついた看板がつけられた。銀行までが造られて、テレジエンシュタット札という、偽札が出回った。突然、メインストリートに美容院、カフェ、パン屋、お菓子屋が出現した。よだれの出そうなかわいらしいケーキ、何層もあるウェディングケーキなど、目を奪うものが並べられたが、飢えたユダヤ人たちはふれることさえ許されなかった。赤十字の人たちが歩く通りは、収容所の者たちが膝と手をついて、水と石けんでごしごし汚れを洗い流した。しかし、撮影が終わって赤十字の視察団が去ったらすぐに、すべてのごまかしや欺瞞の映画セットは壊されてしまうのだ。

ナチが宣伝のための映画を作っているといううわさは、たちまち収容所内に広がった。多くは、ゲロンに協力を断れと進言した。彼はナチの意向には抵抗したものの、映画を作れば、アウシュビッツへすぐに送られずにすむと期待していた。また、映画の内容をうまく考えることによって、ナチのごまかしの裏を垣間見せることができるのではないかとも思っていた。さらに、映画作りという仕事が再びできることで、絶望感がかなり和らいでもいたのだ。早速、彼は脚本作りにとりかかった。ナチが見て承認した彼の絵コンテは、戦後、テレジエンシュタットで発見された。

ゲロンは、チェコ一の優秀なカメラマン、イヴァン・フリッチとその仲間たちをぜひプラハから呼んで、雇ってほしいと言った。ナチはそれを認めたが、チェコの一般市民が収容所へ来れば、ここの存在が危うくなるかもしれないという危惧は持っていただろう。しかし、ゲロンは経験豊富なカメラ・クルーがいてこそ、作りたい映画ができるのだと言い張った。

テレジエンシュタットに残っていた三万人以上の人びとのすべてが、この映画制作になんらかの形でかかわった。ほんのたまに画面に顔が出る程度の人びともたくさんいたが、そうすることで、命が助かるかもしれないと勘違いしていたようだ。メーキャップやヘアメイクの仕事もさせられた。コンサートの聴衆やサッカーの試合の観客になった多くの人びとは、ナチが殺戮によって略奪した物品を納めた倉庫にあった服を身につけさせられた。だが、コンサート用のおしゃれな靴は、まったく数が足りなかった。靴は、爆撃で家を失ったドイツ市民たちに送られていたので、サイズの合う靴を揃えるのはとうてい無理だった。そこでゲロンは、ステージの縁に花の植木鉢をたくさんおき、足元が見えないようにした。

撮影のほとんどは、テレジエンシュタットで八月と九月に行なわれたが、赤十字の人たちがやってきた六月の様子を撮影した箇所もあり、また、そのときに撮られたナチ公認の映像を入れたりもしたようだ。何度もけいこを積んでから撮影されたシーンがある。ひとりのユダヤ人の少年が、ころがったボールをとりに通りへ駆け出すシーンだ。制服姿のナチの将校がボールをつかまえ、それを少年に返し、いかにもやさしく少年の頭をなでる。その数週間後、少年はアウシュビッツで殺された。

デンマーク赤十字の人は、ナチの目くらましにすっかりだまされたわけではなかったのだが、スイス赤十字の人たちはそれでよしとした。そして、ナチが言うように、ユダヤ人たちは、爆撃を受けた町に住む一般ドイツ人と比べたら、比較的よい暮らしをしているという報告書を出した。だが、デンマーク国王クリスチャン十世は意外な反応を示した。テレジエンシュタットに収容されている四百六十六人のユダヤ系デンマーク人の釈放と無事の帰還を要求したのである。ナチはしぶしぶそれを受け入れた。白塗りのバスと救急車の護送団が前線を横切り、デンマーク人の囚人たちの救出にあたった。しかし、収容所で死亡した五十人のデンマーク人にとっては、時すでに遅しだった。オペラ〈ブルンディバール〉のオーケストラでトランペットを吹いた十二歳のデンマーク人の孤児ポール・サンフォーアは、国王の見事な計らいで助かったひとりだった。

赤十字の代表団が帰ったあと、一九四四年の夏から映画撮影が終わるまで、ゲロンは綱渡りを続けていた。ナチの要求に応えながらも、同時に事実を暴露することを考えていたからである。映画に映る見栄えのいい風景や、いい服に身を包んだ人びとの姿とは別に、ゲロンは巧みなカメラワークを使って、絶望にさいなまれた、生気のない顔の人びとを映しとった。パヴェル・ハースがこの作品のために作曲した〈弦楽のためのエチュード〉を聴いている人びとの顔は、うつろなまなざしに、絶望感を漂わせていた。それを、ゲロンはカメラに収めたのだ。演奏の指揮はカレル・アンチェルだった。彼は生き残って、のちにチェコ・フィルハーモニー管弦楽団やトロント交響楽団の常任指揮者となった人物だ。テレジエンシュタットにいた著名な人びとのひとりで、アリスの友人でもあったラビのレオ・ベックが、舞台で演説をしたところも撮影された。バックにはもの悲しい音楽が流れていた。メンデルスゾーンのピアノとチェロとヴァオリンによるピアノ・トリオ、ニ短調である。ナチ占領下のヨーロッパでは、ここ以外で演奏されることは決してない曲だった。ゲロンの映像にはまた、かわいい少女がカメラのほうへ寄ってきて、ぎこちないほほえみを浮かべて、公園の水まきをしているシーンもあった。公園のベンチに座って、その情景を楽しんでいる〝ことになっている〟老人の虚ろな顔や、幼い子どもたちの恐怖におびえる顔も映っていた。木馬に乗って、見ている母親の方へ行こうとしている顔をしているのだが、母親たちはすでにこの世を去っているのだった。〈ブルンディバール〉を見ている人びとの中に、ゲロンはシャツも着ていない、やせ細った少年を見つけ、撮影した。オペラの最後のシーンは、ハッピーエンドなので楽しいところなのだが、合唱隊の子どもたちの顔にはほほえみはなく、恐れが見え、希望のかけらもなかった。ただ機械的に歌っているだけだった。ゲロンの映画がほんとうに伝えたかったことは、勇気をもってそれを見る人の心にずんと響くものだった。

ゲロンが撮影を終えるとすぐに、ドイツ宣伝大臣のヨーゼフ・ゲッベルスの命令で、窓もドアもおおい隠された列車がテレジエンシュタットを出た。映画にかかわった二千人以上の人びとを乗せた、最後の収容所送りの列車だった。列車はアウシュビッツで止まり、ドアが開き、ゲロンの名前が大声で呼ばれた。

「クルト・ゲロン、外へ出ろ」

みんなは、ゲロンが家畜用列車からおりて、秘密警察に引き渡されるところを見ていた。目撃者によると、ゲロンは右も左も見ず、前を見据えていたそうだ。ゲロンただひとりが、ゲシュタポ本部の命令によって、〝特別扱い〟で呼びだされた。ゲロンの口をふさぐためだった。頭を高くあげ、後ろを振り返りもせず、ゲロンはまっすぐにガス室へ送られた。四十七歳だった。あのバス歌手のカレル・ベルマンは、アウシュビッツへ送られた者たちの中で奇跡的に生き残った数人のひとりだった。

ゲロンが撮影したフィルムはプラハで編集され、ベルリンへ送られた。そこで、ドイツが降伏するまえに処分されてしまった。一九四五年後半になってやっと、テレジエンシュタットにおける世にも恐ろしい事実を部分的にしか知らなかったカメラマンのイヴァン・フリッチは、ゲロンと、映画に映っていた大勢の人びとの運命を知ったのだった。

戦後、フリッチがゲロンのために撮影したフィルムの断片が集められた。〈ブルンディバール〉のシーンも、ハース作曲の弦楽曲の演奏シーンもあった。それらはチェコのプロダクション・オフィスで発見されたのだ。そこで、各地の記録保管所を調べて、フィルムのほかの断片探しが始まった。いつの日か、ゲロンの映画が、残っている絵コンテから元通りに再生されるかもしれない。

今、アリスは問いかける。

「映画の中のみんなの顔を見れば、おのずと真実が見えるはずだと思いませんか？」

そして、それに答えるように、また言う。

「わたしたちは、見たいものだけを見ているのです」

「よく目をあけて見てください。ナチが見せないものを、見てください」

これは、赤十字の人たちにそっとささやいた、勇気ある囚人の言葉である。

第10楽章　スナップ写真

アリスの住まいには、わずかに残った写真と思い出の品々がある。ほんのひと部屋のアパートメントで、かなり時を経た、つつましい、簡素な住まいだ。まるで、一日一日、思い出を紡ぎながら暮らしているお蚕さんのようだ。家具と言えば、どっしりした緑色のベロアの椅子や、だれかが引っ越しの日に捨てていったような金属製のテーブルなど、取り合わせがばらばらなものばかり。アンティークのスタインウェイのアップライト・ピアノが、長い壁ぎわの中央に据えてある。デザインの統一などまったくなく、ただ、目に入る思い出の品々がお互いに響き合い、それがアリスの人生の絵を描き出しているのだ。

そのスタジオのような部屋に入るとすぐに目につくのが、大きな額入りの肖像写真である。眼帯をした、若い、ハンサムな男性で、アリスのもっとも敬愛するピアノ教師、ヴァーツラフ・シュテパンの写真だ。第一次大戦で従軍していたとき、左目を事故で失ったのだ。しかし、その怪我が彼の芸術性を損なうことはまったくなかった。音楽家シュテパンは、見える視野を限られたとはいえ、それを価値あるものと説明できる術を限りなく持っていた。チェコにおける、有名かつ意欲的な音楽家としてみなされるようになり、ピアノと作曲の教師としての名声はたいへん高かった。

一九四五年、アリスがプラハに戻ってきたときに最初にさがしはじめたのが、このシュテパンだった。だが、プラハが解放される少し前にがんで亡くなったときいたとき、アリスの落胆は大きかった。だが、シュテパン教授がアリスに与えた影響は多大なものだった。音楽家として、また人格者として。だから、アリスは息子にシュテパン（ラフィ）という名をつけたのだ。残されたシュテパンの妻は、アリスに額入りの夫の写真を記念に贈った。

シュテパンの写真のほかに、アリスの部屋にはそこらじゅうに、ラフィの写真が飾ってある。ピアノの上の中央においてある写真は、ラフィとパブロ・カザルスの写真だ。一九六五年の夏に撮られたもので、名だたるマールボロ音楽祭のときのものだ。ラフィは、カザルス指揮の合奏団で、バッハの組曲第二番、ロ短調を弾いたのだ。二週間後、ラフィはボッケリーニ五重奏団のチェロを弾いたが、そのとき、カザルスは聴衆の中にいた。アリスは、ラフィがその日のことを手紙で知らせてきたとき、ラフィ以上に興奮したものだ。偉大なカザルスと同じ場所に居合わせた時間が、ラフィの生涯にどれほど大きな意味のあるものになるか、アリスはよくわかっていた。アメリカにいる息子に手紙を書いたとき、アリスは毎日、メモをしっかりとるようにと言った。マエストロ・カザルスが言った言葉はひとこともらさずメモしておくようにと。

ラフィが、ヴァーモント州のグリーン山脈の緑のふところで開かれたマールボロ音楽祭で、世界的な偉大な音楽家たちと過ごした数週間は、忘れられないものとなった。ルドルフ・ゼルキンが、移住先の新しい国アメリカで室内楽を広めるために開催されたのが、この音楽祭だった。若い音楽家たちが、世界で知られる偉大な音楽家たちと室内楽を共演するというたいへん意欲的な試みだった。一九〇三年、アリスと同年にチェコで生まれたゼルキンは、当時すでに世界に名を知られるピアニストだった。一九三九年、彼と家族の者たちは、幸運にもアメリカへ逃げることができた。ラフィはゼルキンに、自分はホロコーストの生き残りであることを決して言わなかった。ラフィが覚えている経験はすべて、音楽に関することだったからだ。ヴァイオリニストのハイメ・ラレドはラフィをよく覚えている。すばらしいチェリストとしてだけでなく、ユーモアたっぷりの、活気にあふれた若者として。

ハヌカの燭台（ユダヤ教の祭式に使う大燭台）が、ピアノの上にある写真のそばに、あたかも守護神のように立っている。イスラエルからイギリスへ移住してきたときに持ってきた、たったひとつのユダヤのシンボルだ。ラフィの未亡人ジェナヴィエーヴは、アリスがハヌカの祝いの八日間、いかにもうれしそうにその燭台の八本の蠟燭に火を灯している、と言った。ハヌカには捧げるという意味があるが、まさしく、アリスは息子と孫たちのために、火を灯しているのだ。プラハの子ども時代に、両親がやってくれたと同じように。ピアノの横の壁には、アリスの家族がふたり写った、弦楽四重奏の写真がかかっている。戦前の写真を新たに焼いたもので、兄パウルが第一ヴァイオリン、夫レオポルトが第二ヴァイオリンだ。アリスに言わせれば、これはアマチュアとしては第一級のカルテットで、毎週木曜日夜の練習は、かかさず行なわれたものだ。

古い楽譜が、色あせた緑色のビロード貼りのピアノ椅子の上に積み重ねておいてある。楽譜はほかにもたくさんあり、床に積んである。ピアノの譜面台に載せてあるのは、ハードカバーの分厚い楽譜だ。黄色くもろくなったページには、縁が裂けてとれたり、やぶけたりしているものがある。それは、ベートーヴェンのピアノとヴァイオリンのためのソナタ〈春〉の楽譜だ。戦前、アリスはこのソナタをヨーロッパのコンサートで何度もヴァイオリンと共演したものだ。テレジエンシュタットではチェコ・フィルハーモニー管弦楽団のメンバーと共演し、また、イスラエルでもよく演奏した。ロンドンへ来てからも、アリスはよくこの曲を弾くのだった。

「ベートーヴェンは奇跡の人です」と、アリスは言う。「メロディだけの人ではなく、深い情熱と信念の人です」

アリスは、ヴァイオリンとピアノがまるで対等に会話をしているかのようだと説明した。かわりばんこにテーマを奏で、それぞれの楽器が相手を尊重しつつ、親しげにやりとりしているからである。ヴァイオリンとピアノ、それぞれの役割は対等だ。どちらが突出しているわけでもなく、どちらかがいなかったら、曲にならない。アリスは、ベートーヴェンが〈春〉という題をつけたわけではない、と言った。曲が発表されるとすぐに、明るくて、優美なメロディから、そのニックネームがつけられたのだそうだ。

アリスのシングルベッドの上の壁には、小さな絵が二枚、飾ってある。エルサレムの丘の色彩豊かな油絵である。難民として移住し、新しい生活を始め、最も幸せな時を過ごした場所の思い出だ。この部屋にあるもので、ふるさとチェコを思い出させるものは何ひとつない。子ども時代を過ごしたチェコの町には、もはや個人的な感情でつながっているものはほとんどなかったのだ。家も、学校も、家族も、すべてが消え去ってしまったからだ。

ベッドの向かいの壁には、チェロを持った息子の額なしの油絵がかかっている。エルサレムでアリスのピアノの生徒だったエドナは、絵の才能もあり、ラフィの写真から、油絵で肖像画をおこしてくれたのだった。ラフィの物思わしげな顔は、アリスが朝一番に見る顔であり、毎晩、眠りにつく前に見る顔だ。この絵を見ると、息子がすぐそばにいるような気持ちになり、チェロの音まで聞こえてくる。エドナはイスラエルからロンドンへやってきて、この絵をアリスの百歳の誕生日に贈ったのだった。

部屋をもっとよく見回すと、ラフィゆかりの品々が格段に多いのに気づく。テレビの下には、ラフィのチェロ演奏や指揮した曲のビデオが収納されている。たくさん並んだ本の上にある白い小さな扇風機も、彼ゆかりのものだ。ラフィが、暑い夏の日々を少しでも快適に過ごせるようにと、母に贈ったものである。ほとんど毎週のように、息子が何かしらプレゼントをくれたとアリスは言った。椅子の背にかけてあるのはウールの肩掛けやショールで、ラフィがことに寒い冬のために母に贈ったものだった。

音楽関係の本だけでなく、フランツ・カフカの本、オーストリアの作家シュテファン・ツヴァイクの『昨日の世界』が、アリスのベッドぎわの小さなテーブルに、すぐ手にとれるようにおいてある。アリスが何度も何度も読んだツヴァイクの本は、いとしいミハル・マレシュが一九四五年にアリスに贈ったものだ。イスラエルにいたときも、ロンドンにいるときも、この『昨日の世界』はアリスが常に手元におく友だちだった。一九四三年にスウェーデンでドイツ語で出版されたが、ナチ占領下のヨーロッパでは、著者がユダヤ人のゆえに発禁となった。アリスにとって、この本は過去への架け橋であり、子ども時代の楽しい思い出の世界が描かれていて、そこでは音楽や文学がある心豊かな生活が営まれていた。若いときにアリスはツヴァイクに会っているのだ。ツヴァイクはグスタフ・マーラーやリヒャルト・シュトラウスと親交があったので、彼らを通してアリスと出会ったのだった。

ツヴァイクがヒトラーの台頭を早くも察知して警告していたことが、ずっとアリスの気にかかっていた。ツヴァイクの予測はあまりにも的確だった。ところが、世の人びとはそれにまったく気づいていなかった。なぜだ？　アリスは何度も自分に問いかけたものだ。ツヴァイクは書く。「ヒトラーの教育のなさが、ドイツの知識層を勘違いに陥らせたのだ。† ヒトラーなど、単なるアジテーターにすぎず、たいした脅威にもなり得ない、と思い込んでいた……やがて、ドイツ帝国議会の火事で議事堂が燃え、† ナチの指導者ゲーリンクは徒党を放って、あっという間に、ドイツの正義を粉砕してしまった……とてつもなく巧みな欺きによる国家社会主義は、その目的をさらけだすことにあくまで慎重だったので、やがて、世の人びとは、その毒に慣れてしまったのだ。こうして、ナチは自分たちのやり方を進めた。ほんの少しだけ毒をたれこませて、少し間隔をあけ……世界の良心がそれに慣れるかどうか、反応を見る……やがて、それが免疫になって、耐性が強くなり、ヨーロッパ全体に毒が回り、全滅するのだ。しかしながら、それでも人びとはお決まりの慰め言葉を信じていた。長くは続くまい……慣れ親しんだ生活を捨てるのはつらいからこそ陥りやすいワナとは、こういうことだったのだ」

当時のツヴァイクの話をしながら、アリスは言う。

「そうなのです。世の人びとは現実を直視したくなかったのですが、はっと気がついたときはもう遅かったのです。早く目覚めるべきでした」

のちにアリスは、このオーストリアで最も有名な作家のその後を知り、『昨日の世界』がなおいっそう意味あるものになった。平和主義者だったツヴァイクは、ふるさとのウィーンを離れたくなかったのだが、オーストリアはナチ色に染まって敵国になってしまった。彼は自分の命を守るためにイギリスへ亡命し、そこで永住権を得た。その後、アメリカでも生活し、ブラジルのペトロポリスへ移住する決意を固め、最晩年の五ヵ月をそこで過ごした。一九四一年、ナチがソ連に侵攻したとき、ツヴァイクはついに黒いカーテンがおろされて、ヒトラーと悪の帝国が今の世界を征服してしまうと思った。希望は潰え、新しい国になじめなかったツヴァイク

イスラエルへ移住する前のアリス。1949年頃。下の自筆のサインは、2008年、アリスが105歳のときにしたサイン。

は、自分の意志で生涯を閉じようとした。アリスは、彼にもっと頑張ってほしかったし、絶望に身を任せてほしくなかった。

「あんなに賢い人だったのだから、もっと世のためになることができたでしょうに」と言う。そういう思いがあるので、アリスはなおさらのこと、自分の可能性を最後まで諦めたくないと思っているのだ。ツヴァイクがもっと歳をとっていたら、希望を信じることもできただろうとアリスは考える。うなずきながら、アリスはつぶやく。

「高齢者になってからこそ、人生の美を感じることができるのです」

棚の上においたふたつの靴箱にも、思い出の品が詰まっている。ひとつには家族の写真で残ったものが入っている。プラハ市庁舎の前でとった結婚式の日の写真、兄パウルの写真、戦前のアリスの写真が何葉か、若き日の母の小さなモノクロ写真。イスラエル政府から送られた小さな額。どんなときに、どんな理由でその賞をもらったのか、アリスは記憶がない。母が撮ったと思われる、あご髭のある男性の小さな写真。それはジークムント・フロイトだとあとでわかった。フロイトはモラヴィアで生まれ、ウィーンでアリスの母ゾフィーと出会っている。ふたりはお互いの友だちを通して知り合ったのだ。一九二〇年代後半、アリスとゾフィーはウィーンの親戚をよく訪れたが、その家がベルガッセ通りにあるフロイトの事務所の近くだったため、歩いているとよくフロイトに会ったものだ。その有名なフロイト博士はいつも立ち止まって、ゾフィーたちと二言三言、言葉を交わした。

ふたつめの箱には、十センチ×十五センチのスクラップブックが二冊、入っている。戦禍をくぐりぬけ、アリスの二度の新しい国への引っ越しにもめげず、ついてきた。チェコ語とドイツ語の新聞記事で埋まっている。アリスがコンサートの批評を丁寧にスクラップして、貼っておいたのだ。

長年の間に、記念の持ち物はほとんど手放したし、戦前に集めたものはほぼすべてなくなった。それでも、写真が何枚か残っているのはありがたいとアリスは思う。そして、アリスの生活の糧である、スタインウェイのピアノ。

「こういうものが、わたしを幸せにしてくれます。それも毎日。なくしたものなんて、どうでもいいのです。ときどき人が来ては、ちょっとした絵だとか、葉書や手紙を持ってきてくれます……」アリスは息を継ぐ。「なくしたものなんて、もういりません。わたしの思い出はいつもわたしと共にあります。わたしの人生は心の中にあるのですから」

古代ギリシャの哲学者について勉強した頃を思い出し、アリスはある言葉を引用した。

「思い出は魂の軌跡です†」そして、右手の薬指で額を軽くつついて、ささやいた。「それはここに詰まっています」

間奏曲

歳をとること

「そんなに悪いことじゃありませんよ！」

高齢者であることについて、アリスは大きな身振り手振りで言う。

「ここへやってくる人たちで、わたしよりもずっと若い人たちが、物事がうまくいかないとか、お金の問題があるとか、体のあちこちが痛いとか、苦しいとか、いろいろ言うのです。いちばんひどいのは、わたしに向かって、歳をとるのはつらいと言うことです。『ほんとうにいやだ、恐ろしいことだ』とね。わたしは反対のことを言って、みんなを煙に巻きます。『そんなに悪いことじゃありませんよ。わたしはあなたより年上です。あれこれ愚痴ばかり言ってないで、人生のいいところを見たらどうですか？　毎日が贈り物です。美しいじゃありませんか』ってね」

高齢だからこそ、アリスはそう言えるのだ。わけのわからないことを言っているのではない。アリスはさらに真剣に言う。

「わたしの心は若いのです。感情も、想像力も、まだ若いです」そして、楽しそうににっこりする。「だって、いろいろな経験を積んでいますからね」

若くてかっこいい男性が来ると、アリスはいっそう元気づく。若い人たちがいるのがうれしいのだ。

「このしわだらけの顔に隠れた、わたしのほんとうの姿、感情の塊のわたしの人生は見えないでしょうね。あなたの目に見えているのは、ただの老女の顔ですから」

二〇〇六年の夏、チェコのテレビ局がインタビュー取材のため、アリスのロンドンの家を訪れたとき、アリスは空色のニットスカートに、色を合わせた半袖のセーターという、こざっぱりした格好で現れた。靴はいつものように、スニーカーだ。その日のスニーカーは白にした。二十代後半のチーフ・カメラマンとディレクターは、ふたりとも百八十センチ以上ある長身で、ハンサムだった。アリスはチェコ語でふたりを迎え、甲高い声でくっくっと笑いながら、テーブルにおいたお茶とクッキーをどうぞとすすめた。それから、ちょっと失礼しますと言って座を外した。十分後、目も醒めるような姿でアリスは現れた。赤いスニーカーにはきかえ、赤い口紅をつけ、ネックレスをしている。あとで、世の中でいちばん大事なことは何かと質問されたアリスは、大まじめでこう答えた。

「愛、もちろん愛ですよ」

そのあと、アリスは声をあげて笑い、ハンサムなディレクターの方に指先を向けてくねくねさせながら、言った。

「でも、セックスの意味じゃありませんからね」

アリスは常に新しいものに目を向けていた。新しい思いつき、新しい本、新しい思想、新しい知り合いなど。好奇心はとどまるところを知らない。歳をとると、たいていの人びとは、違ったものや慣れないものに対して背を向けてしまうものだが、そんな年齢をさらに超えているにもかかわらず、アリスは、新しいものがあらわれるとそれをおもしろがるのだ。最近では、チェコの友人の孫ジャクリーン・ダンソンにアイフォンを使わせてほしいと頼んだ。ジャクリーンは、百七歳のアリスの指が画面をすいすい動くのを見て、びっくり仰天した。寝ているときも、アリスは頭の中でピアノの曲を演奏している。座っているときも、しゃべっているときも、指はいつもキーをたたくように動いている。何を弾いているのかとたずねられたアリスは言った。

「バッハですよ、もちろん」

いわゆる物欲のないアリスは、おそらくこの何十年間、新しい服を買ったことはなかったと思われるが、ファッションには興味があり、知識もある。人びとがどんな服を着ているのかに目をとめ、その生地にさわってみたり、褒め言葉を言ったりする。セックスについては、アリスの年齢や背景を思うと、かなりはっとするようなことを口にする。かつての教え子エスター・マロンが、最近、アリスに二十代後半の娘ミハルを紹介したことがある。ミハルがハイファ交響楽団でチェロを弾いているときくと、アリスはいきなり、つきあっている男性はいるかとたずねた。ミハルは、ついこないだボーイフレンドと別れたと答えた。アリスは言った。

「それはよかった。どんどんおやりなさい。セックスをして、楽しんで、いつもだれかと一緒にいるようになさい。でも、結婚して将来をつぶしてはいけませんよ。自由とあなたの音楽を謳歌なさいね」

独身の若い女性でも、年配の女性でも、恋人がいるときけば、アリスはおせっかいなアドヴァイスをする。

「いいことです。でも、相手は自分の居場所を持っている人になさい。会いたいときにだけ、会う必要があるときだけ、会うようになさい。自由を手放してはいけません。あなたのキャリアと人生をしっかり守るんですよ」

あのスピノザがアリスの守護神のようになって、耳元でささやいているかのようだ。アリスが敬愛するスピノザは、性の情熱はともすれば不幸な結末を招くと書いている。持続する愛とは、その根底に、抑制できない情熱ではなく、理性と理解があるべきだ、と彼は考えていた。

今、アリスはスピノザの深い示唆に従って生きている。

「泣いてはいけない。怒りをためてはいけない。理解しなさい」

理解すること、それこそがすべての知の柱であり、平和の礎であるとアリスは信じている。心の平和、町の平和、世界の平和の礎であると。隣人に相対するまえに、兵士が戦いを始めるまえに、「なぜ、お互いを理解しあおうとしないのでしょう?」と、アリスは言うのだ。「いったいいつから、敵を作ることが目的になったのですか?」

いくつもの戦争を経験してきたアリスは、相互理解しあうことについて割り切った意見を持っている。相手の言うことを理解するためにといって、相手を好きになったり、安易に相手の言葉に賛成する必要はない。アリスはきっぱり言う。

「ぼうっと立ったまま、泣いていてはいけません。理解するようになさい」

哲学者スピノザの、理性についてのいくつかの著書が、アリスの思想の裏付けになっている。人生の晩年を生きるアリスにはどうしても直面する問題がいくつかあるが、だからといって、残された大事な時間を、いずれ来る死や、わからないことへの不安を思ってくよくよするつもりはまったくない。死はアリスにとって、未知なるものではないのだ。死と生は永遠なるもの、つまり神の一部にあるものだ。アリスは言う。

「わたしたちは永遠からやってきて、永遠に戻るのです。わたしは、魂は、肉体が消えても残ると信じています」と。

マーラーの交響曲第二番を何度も聴きながら、アリスはアルト歌手の歌、四楽章最初の〈ウルリヒト（原始の光）〉に、大いなる慰めを得る。「わたしは神からいでて、神に戻る」という歌詞で始まる〈原始の光〉は、アリスの心に常にある魂のテーマだった。アリスはスピノザの言葉を引用しながら言う。

「物事はそうあるべきようにあるんです。わたしはまだ生きています。いくら歳をとっても、生きていれば、驚くことに出会い、学び、そう、まだ教えることもできます。好奇心があるからです。いろいろな人に興味を持ち、その頂点には音楽があります。それがわたしの人生です」

第11楽章　ガラスの檻の男

一九六一年四月、エルサレムの朝。テレジエンシュタットでヴェルディのレクイエムのピアノ伴奏を何度もしてきたピアニスト、イディス・シュタイナー・クラウスと手を組み、アリスはナチ親衛隊のアドルフ・アイヒマン中佐の公判会場へ入った。厳しい警護態勢がとられた部屋へ入ったふたりは、指定された椅子に腰をおろした。アリスが裁判所に来たのは生まれて初めてだった。

この裁判の首席検事であり、イスラエルを代表するギデオン・ハウスナーが、アリスを傍聴に招待したのだ。アリスとハウスナーは、彼の娘がアリスの最年少の生徒だったのを機に知り合った。娘のレッスンのあと、ピアノの腕前もかなりのハウスナーは、アリスとよく連弾を楽しんだものだった。刑事事件の検事ではなかったが、ハウスナーはアイヒマンの訴状を書いた。戦争時の大量殺人、人間の尊厳を損なった罪に対しての訴状である。当時の外務大臣、ゴルダ・メイアは言った。

「これは決して報復の裁判ではありません……けれど、まだ生きている被害者たち、そして、これから生まれてくるその子孫にとって、ナチが、ヨーロッパのユダヤ人たちに対して行なったこの忌むべき恐ろしい行為を、世界の人びとに詳しく知っていただくことが、何よりも大切なのです†」

のちにノーベル平和賞受賞者となったエリ・ヴィーゼルは、当時はまだ若いジャーナリストだったが、この裁判の記事をユダヤの新聞「前進」に載せた。その後、自身の回顧録で、こう書いている。

「被告が、すべての人類から見放され、とてつもなく非人間的だと言われればまだよかった。アイヒマンを人間とみなすこと自体に、わたしは怒りを覚えた†」

ベイト・ハームに、大きな施設がこの裁判のためだけに一時的に用意された。三人の判事の前に、アイヒマンが座っていた。怒り狂った群衆に襲われる危険があるため、イスラエルが防弾ガラスで被われた檻を用意したのだ。世界じゅうでテレビ放映された裁判は、これが初めてだった。

ナチ親衛隊のアドルフ・アイヒマン中佐は、アリスより三歳年下だった。ドイツのごく普通の中流家庭の出で、毎週日曜日にはルター教会の礼拝に行っていた。学校の成績も中程度以下だった彼は高校をドロップアウトしたが、命令に忠実な点だけは半端でなかった。ナチの愛国精神にすっかり魅了された彼は、一九三二年にナチに入党した。スタンダード石油の支社でささいな仕事をしていたが、くびになると、今度は人びとに恐れられ、強いパワーを誇る親衛隊に入り、新しい仕事に就いた。彼は信頼に足る男だった。アイヒマンはドイツ人の女性と結婚し、何年かプラハに住み、軍曹からたちまち中佐に昇進し、さらにユダヤ人移民中央局の長官にのぼりつめた。一九三九年、ベルリンへ戻り、ゲシュタポのⅣ局B四（宗派部ユダヤ人課）の課長になった。親衛隊は、彼の組織能力に目をつけたが、それよりも、どんな任務であろうとやり遂げようとする熱意に注目した。一九四二年、アイヒマンはユダヤ人問題を片付ける最終解決策、つまり収容所送りの、統括管理という新しい任務についた。ヨーロッパじゅうのユダヤ人をヒトラーの死の収容所へ汽車で送る大量運搬の仕事を統括したのだ。ユダヤ人の財産をおさえて剥奪し、ナチの利益になるように計らった。また、ユダヤ人の殺戮について、その人数、順番、国、時期、そのすべてをひとりで決めたのだった。

テレジエンシュタットの建設に、アイヒマンは個人的にかかわっていた。ここにユダヤ人たちをいったん留め置き、ここからアウシュビッツや、その他の収容所へ送るようにした。テレジエンシュタットをモデル収容所とし、何度も検閲にやってきた。アリスの兄パウルは、小さなオーケストラでナチの高官のために演奏するよう命令されたとき、アイヒマンを見たことがある。一九四四年の後半、彼が最後に検閲に来たときだった。

戦後十五年もたって、やっとイスラエル諜報特務庁（モサド）はアイヒマンの所在をさがしあてた。アイヒマンはカトリック教会の役員たちの助けで、ドイツから逃亡し、アルゼンチンのブエノスアイレスで名前を変え、リカルド・クレメントとして暮らしていた。妻のヴェラ、四人の息子たちも一緒だった。諜報特務庁の調査員ペーター・マルキンは、彼を逮捕する前の数日間、彼の動向を見張っていた。仕事から帰ると、床を転げ回って末息子と共に遊ぶ姿があまりにも普通だったので、マルキンはそれがやけに気になった。仕事帰りのバスから降りた彼をつかまえたのち、マルキンは彼と何時間も話をした。マルキンはホロコーストによって、両親を失い、その他の親戚もたくさん失っている。そんなにも恐ろしい所業を思いつき、やり遂げた人間がこの世にいた、その理由を知りたかった。アイヒマンはそれになんの感情も見せず、自分はだれも殺していないと言った。実は、戦争の終焉の頃に、ヒムラーが殺戮をやめ、その証拠を消すように命じたことはわかっていた。ところがアイヒマンは激昂し、第三帝国の命令にもかかわらず、それを無視して、ユダヤ系ハンガリー人たちを収容所へ送り、死出の旅へ送ったのだった。

アイヒマンは何度も主張した。

「わたしは収容所へ送りだす責任を果たしただけです†」

マルキンは彼に、自分のいとこで、子どもの頃の親友だった六歳の子の話をした。アイヒマンの息子と同じように、青い目の、金髪の男の子だったが、「アウシュビッツで殺された」のだと。マルキンによれば、そのとき、アイヒマンはこう言ったそうだ。

「そうだ。だが、その子はユダヤ人だったじゃないか†」

アイヒマンは、後悔も謝罪もせず、自分はただの〝仲介人†〟にすぎなかったと言うことに終始した。のちにエリ・ヴィーゼルはこう書いた。

「被告から目を離すことができなかった。ガラスの檻の中で、無表情にメモをとっている男。ユダヤ人と人間の尊厳を侵した罪に問われ、それが述べられているにもかかわらず、顔色ひとつ変えなかったのだ。収監されていた間も、普通にしっかり食事をし、ぐっすり眠っていたそうだ。裁判のストレスはかなりあったはずなのに、びくともしていなかった。検事も判事も、彼を落とし込むことはできなかった†」さらに、ヴィーゼルは書く。「被告アイヒマンは滔々としゃべり、恐れている風はまったくなかった。資料や数字を並べたて、一歩も退かなかった。命が惜しくてしかたがなかったのだ」


自分を、権力のない、単なる官吏のひとりであると主張するアイヒマンは言った。

「わたしは、アドルフ・ヒトラーや上司に前もって明確に命令されたこと以外は、どんなに小さなことも、大きなこともやっていません†」

彼はこうも言った。

「何も後悔していません」

裁判中、彼はかつて両親から従順をさんざん教えられたと言うのだった。

「今思えば、命令されたことに従順に従って生きることは、実に気持ちのいいものだということです。そのように生きていれば、何も考えずに行動できるからです†」

ハウスナーが反対尋問を行なった。彼はアイヒマンに、何百万人のユダヤ人の殺戮に関与したことを罪だと思うかとたずねた。アイヒマンは答えた。

「法律的にはノーです。ただ、人間として……わたしは、ユダヤ人を送り込んだことに対しては、罪があると思っています」†

生存者たちが語る、比類なき恐怖の事実を聴いたアリスは、それは、自分がテレジエンシュタットのゲットーで経験したことよりはるかにひどいものだと思った。アイヒマンは、ナチの制服や記章をつけることを許されず、普通のスーツにネクタイ姿で、冷酷無比、傲慢に見えた。彼の顔のどこかに、かすかでも自責の色が見えないかと、アリスは目をこらした。ハウスナーは、アイヒマンの言葉を引用した。

「わたしは、晴ればれと自分の墓に入るでしょう。なぜなら、五百万人もの人びとがわたしの良心に運命を賭けていたと思うと、大いなる満足感にひたれるからです」†

被告は、自分に課せられた役目を果たし、第三帝国のためにりっぱな働きをしたことを誇りに思っているのだった。

政治哲学者のハンナ・アーレントは、ナチのドイツからの難民だったが、この裁判の様子を「ニューヨーカー」誌に書いた。アイヒマンはごく普通の男だが、ただ、盲目的な野心家であると述べている。秘密警察が彼に与えたものは、一般の生活では決して得られないほどの大きな尊敬と権力だった。アーレントは、〝悪の凡庸†〟をこう説明した。

「悲しいのは、恐ろしい悪業は、自分で善悪が決められない人によってなされることが多いという事実です……アイヒマンはまさしくそういう人間であり、世の中にはそういう人間が多いというのが問題なのです。多くは異常でもなく、残虐でもなく、呆れるほどに凡庸なのです」†

この裁判は十六週間続いたが、アリスはほんの数日、傍聴しただけだった。ガラスの檻の中にいる、人間の心を失った、消耗し、完全に破壊された人生を送っているこの男だけでなく、ドイツという国家に対し、哀れみの情を感じ、身も心も震える思いだった。ドイツは一九三〇年、ジークムント・フロイトに名誉あるゲーテ賞を贈ったのだが、その三年後に、ユダヤ人であるがゆえに、ナチは彼の著作を焚書にした。フロイトはぎりぎりになってイギリスへ亡命した。逃亡した数少ない著名な知識人のリストの中に、彼の名もあったのだ。マルティン・ブーバーはパレスティナへ、アルベルト・アインシュタインら何人かはアメリカへ渡った。

アリスは子ども時代に覚えたゲーテの言葉を思いだした。

「憎しみは特異なものである。文化の程度が低いところでこそ、それは力を発揮し、激しくなるものだ」

ベートーヴェン、シラー、ゲーテ、ツヴァイクらを生み出した国々、若かりし頃のアリスが過ごした理想的な世界、その成熟した文化は、どこでどう間違ってしまったのだろうか？　アリスはハンナ・アーレントの言葉になるほどと納得した。

「無知と悪は、不思議な相関関係にある」†

のちに、ユダヤ人思想家のマルティン・ブーバーは、ナチの台頭は神の失墜と同じことだ、と述べた。

裁判が行なわれている部屋の内外の人びとの怒りは、高まる一方だった。正義の鉄槌を早く下せと待っている人びとに、アリスは動揺した。正義とは何なのだ？　ブーバーやその他大勢が、アイヒマンの死刑には以前から反対を表明していた。そんなことをしても、亡くなった人びとが戻ってくるわけもない。悲しみが怒濤のようにアリスを襲い、シラーの言葉が心におおいかぶさってきた。

「自分自身を知りたければ、他人の行動を観察せよ。他人のことをわかりたければ、自分の心の底をのぞけ†」

気持ちのはけ口が見つからないまま、アリスは裁判所を出た。

その日は夜までピアノを弾いた。それが彼女の祈りの形だった。バッハを弾いた。バッハを音楽の哲学者とアリスは呼ぶ。バッハの微に入り細をうがつ音のうねり、くねり、流れは完璧だった。

「バッハの曲はどれもすばらしい。何年も知っていて、何時間練習しても、いつもさらなる高みへあがりたいと思ってしまうからです。バッハは宇宙です。無限です」とアリスは言う。人生の浮き沈みとバッハの音楽には共通点があるとアリスは思う。あの不思議な不協和音。それが解決へ向かう前にさりげなく挿入されているので、ほとんど気づかないことがある。また、それが別のフレーズでは、突然の歓喜を呼びおこす。言語も、国境も、世の中の諸問題も、憎悪も超えたところに音楽があり、それがアリスの言葉なのだ。人間性をあらわす言葉だ。バッハはアリスに平安を与えてくれた。のちにアリスはよく言ったものだ。

「音楽はわたしたちを天国へ送ってくれます」

アリスは、人間というものは、本来憎み合うようにできてはいないと確信している。しかし、今思うのは、どこでもいつでも、憎悪を持ち、それが激しくなると、その毒が他の人に伝染するということだ。最初はひとりが湖に小石を投げ込むような小さな憎しみでも、水泡《みなわ》が広がるように、どんどん大きくなり、国全体に広がることだってある。ホロコーストは、一九四五年にナチが敗北して終わったが、かといって、世界はそれからちっとも変わっていない、とアリスは思う。二十一世紀になっても、特定のグループに対する憎悪や殺戮に変貌する個人的な間違った偏見は、相変わらず存在するのだ。子どものときに、知らない人から〝うすぎたないユダヤ人〟と言われて、その人に激しい憎しみを抱いたことを思い出し、アリスはきっぱり言う。

「善悪の区別は、個人個人の選択に任されています。つまり、わたしたちひとりひとりの選択にかかっているのです」

有名なプロテスタント作曲家マックス・ブルッフは、人種差別的な発言をしたことを批判されたときに、こう言った。

「わたしはただ、他の人びとが言っていることを言っただけだ†」

アリスは指摘の手を緩めない。

「わたしたちは己の行動や発言に責任を持たなければなりません。それぞれが心の中に偏見や憎悪を持たないように身を律し、うっかりした発言をしないようにするべきです。例外の人などひとりもいません。ヒトラーがあのような力を持ってしまったのは、ひとえに、とてつもない憎悪にまみれてしまったからなのです」

アリスの言葉はシンプルだが、彼女が見抜いた真実は、疑いようもないことだ。

「憎悪は憎悪を生むだけです」

第12楽章　きつい言葉は一切なし

「幼子の初めての笑い顔を見たときの母親の幸せに勝るものはありません。奇跡です。息子の誕生は、わたしの人生の最高の日でした。そして、奇跡を見る思いをしたのは、息子が初めてにこっと笑ったときでした」

アリスは哲学者のように言う。

「息子は、不幸を知らないので幸せだったのです。そして、必要のないものは欲しがりませんでした。それは、わたしが息子を育てるうえで、最大の特権でした」

ヒトラーがドイツの総統になったのは、ラフィが生まれる一九三七年の四年前だったが、アリスは息子のために、自分はぜったいに強く生きなければならないと心に決めていた。

「母の愛情は世間の波から息子を守る唯一の防波堤です。どんな波が押し寄せようと」

赤ん坊のラフィはよく眠る子だった。その間、アリスは練習をした。三歳になると、ラフィは母の真似をして、ピアノの鍵盤をたたく格好をするようになった。ある日のこと、ラフィは想像のピアノをぱらぱらと一生懸命弾いていた。一方、アリスはシューマンの歌曲を歌手と一緒に練習していた。突然、ラフィが泣きだした。

「どうしたの？　何かあったの？」

アリスはあわててラフィを抱き上げた。

ラフィはすすり泣きながら、言った。

「あんまりきれいだから」

そのあと、ラフィは練習の間ずっと、ピアノを弾いている母の膝に乗ったまま、静かに座って聴いていた。その晩、アリスは夫レオポルトにその話をした。

「ラフィには才能があるわ」

当時、ヨーロッパの伝統的な家庭のほとんどは、子どもには厳格なしつけが必要であると考えていた。しかし、アリスは違った。繊細な心を持った息子を、一個の人間として扱った。子育ての最初から、アリスは自分の声音、発するすべての言葉が、育つ子どもに影響を与えるものだとわかっていたのだ。

ラフィの七歳の誕生日のあと、夫がアウシュビッツへ送られ、アリスとラフィはテレジエンシュタットに残り、アリスは子育てをひとりでするしかなかった。戦争が終わるまで、子育ては、不潔で、病気と死のにおいの漂う収容所の中だったのだ。

「収容所でいちばんつらかったのは、おなかがすいたのに食べるものがなく、かわりのものもないとき、息子が悲しそうに泣くことでした。ほんとうに恐ろしいことでした。息子はいろいろわたしにききましたが、答えようがありませんでした。ラフィは、戦争って何？　どうして家へ帰れないの？　ユダヤ人って何？　どうしてぼくたちはユダヤ人なの？　などと、常にきくのでした」

家族がテレジエンシュタットに来たとき、ラフィはまだ六歳だったので、アリスはラフィと一緒に女性用のアパートに住むことを許された。ふたりは女性用の狭い寝棚で一緒に寝た。日がたつにつれ、アリスはそのありがたさ、すばらしさを身に沁みて感じるようになった。

「子どもが母親にぴったりくっついて、その体温を感じる。それで子どもは安心するのです」

いかなる状況にあっても、これだけは間違いないとアリスは言うのだった。しかし、テレジエンシュタットでは、これがなければ、子どもが無事に育つこともなかっただろう。戦後、アリスはマルティン・ブーバーの哲学書を読み、その言葉に自分の信念を裏付けされる思いがした。

「世界は理解しがたいものではあるが、受け入れることはできるものだ。個人個人を存在者として受け入れることによって」

レオポルトがアウシュビッツに送られてからというもの、ラフィはいつも不安を口にしていた。

「パパはいなくなっちゃったし、もし今度ママが連れていかれたら、ぼくは世界でひとりぼっちになっちゃうよ」

「世界でひとりぼっち」

アリスはその言葉を繰り返した。

「あんなに小さな子どもが、身の回りのほかの広い世界のことを、どうして考えられたのでしょうね？」

アリスはラフィに、決してひとりぼっちにはしないと言い聞かせ、慰めた。それが、彼女が何がなんでも生き延びようとする固い決意につながったのだ。ラフィを守ること、それがアリスの使命となった。

「わたしはおもしろい話をいっぱい作って聞かせ、自分が笑うようにしました。息子には、ぜったいに自分の恐怖心や不安を見せまいとしたのです。収容所では涙も禁物でした。笑いこそが唯一の薬だったのです」

アリスとラフィが初めてテレジエンシュタットに入ったのは、一九四三年のことだった。マシンガンを構えた兵士たちが入り口を固めていた。幸運なことに、ナチの警備隊はチェコ語を理解しなかったので、ラフィが大きな声で発した言葉の意味は、ばれずにすんだ。

「ママ、こんなところ、いやだよ。おうちへ帰りたい」

そのときからアリスは、おもしろい物語やおとぎ話をいろいろこしらえては、ラフィに語って、子どもの気持ちをそらせ、楽しませることにしたのだった。ラフィに、今、自分たちは劇場で劇をしているところだと想像してごらんと言った。悪い魔女に、間違った汽車に乗せられて、ここへ連れてこられたけれど、いい兵隊がやってくるのを待っているところなのだ、と言い聞かせた。ラフィは母の笑顔を見た。話しながらずっと笑っている。おかげで、ラフィは状況はそれほどひどいものではないのだと思えたのだった。昼と夜の食事として、水っぽいスープしか出なかったときも、アリスは王様のごちそうの話をしてきかせた。食べきれないほどの食べ物が出てくる話だ。ラフィは母の話に乗って、自分も、山盛りのジャガイモと大好きなチョコレートをおなかいっぱい食べている気持ちになった。

しかし、ラフィはわんぱく盛りの男の子だった。危ないことをして命が危険にさらされないように、アリスはしつけを、罰ではなく、理屈ですることにした。

「子どもを大声で叱りつけるのと、真剣な声で言い聞かせるのとでは、大きな違いがあります」と、アリスは言う。

きつい言葉は、愛のなさと拒否を子どもに伝えるだけだと、アリスは考えているからだ。生きるために、「子どもが決して疑ってはいけないこと、それは親の愛です」

ラフィが、あのオペラ〈ブルンディバール〉のスズメの役を演じることになったとき、指揮者のルーディ・フロイデンフェルトは、ラフィがソロのメロディをたちまち覚え、それも完璧な音程で歌えるようになったことに驚嘆した。アリスは工場で働いていたので、リハーサルのときにラフィに練習をつけてやることはできなかった。そこで、このわんぱく少年の世話役は、十四歳のエラ・ヴァイスベルガーと、その他数人の友だちが務めることになった。エラは猫の役だった。

母がいなくても、ラフィは歌う箇所を間違うこともなく、音を間違うこともなかった。

戦後、アリスは収容所にいた頃の話をだれともしたがらなかった。もし、ラフィがそれを聞いたら困ると思ったのだ。あの恐ろしい年月のことは忘れてほしかった。何年もたって大人になってから、ラフィはエラに会ったときにたずねた。

「〈ブルンディバール〉をやっていたときのぼくの様子を教えてくれないか。何も覚えていないんだよ」

ラフィにピアノを教えるアリス。1945年

ラフィが経験を通して学んだこと、それは、母との会話できつい言葉を使わなかった、ということである。イスラエルへ移住したときは、新しい家、新しい文化にすぐに慣れた。学校の成績は優秀で、ヘブライ語も、スポンジが水を吸い込むように覚えた。常に周りの世界に好奇心を抱いた。アリスはラフィに、宿題をしなさいとか、おけいこをしなさ

いと言う必要がなかった。母が仕事で忙しかったので、ラフィはひとりで過ごす時間が長かったが、ひとりであることを当たり前に受け止め、その時間を楽しむことを覚えた。ユダヤ教のバルミツヴァ（十三歳の成人式）を受けたいと思い、家庭教師について、熱心に勉強した。そのごほうびに、ぴかぴかの新しい自転車を買ってもらった。

軍隊に入るために家を出るまで、ラフィは毎日、学校へ行くまえの一時間、母にピアノのレッスンをつけてもらった。また、エルサレム音楽院では、チェロも勉強していた。アリスは言う。

「彼は実にすばらしいピアニストでした」

ラフィが学校の友人たちと、まだ十歳になるかならないかの頃に、学校の発表会で、ベートーヴェンのピアノ・ソナタを一曲ならず二曲も弾き、同級生たちを驚かせたこと、それをアリスは自慢気に話すのだ。だが、ラフィは、チェロの豊かな音色にいっそう惹かれるようになった。そして、またたく間に腕を上げ、高校生の頃には、かなり難しい曲を弾けるようになった。

一九五四年は、ラフィにとって幸運な年だった。世界に名だたるフランスのチェリスト、ポール・トルトゥリエは、カトリック教徒で、イスラエル建国の精神に感動し、一時的にではあったが、イスラエルのキブツで暮らすことにした。そして妻とふたりの子ども、生徒ふたり、彼の母親と妹とともに移住してきたのだ。かつて、イスラエルでコンサートを開いたときピアノ伴奏をした、アイザック・スターンの妻ヴェラ・スターンがトルトゥリエに、自分のお気に入りのキブツをぜひ見学するようすすめたからだった。テルアビブとハイファの中間の、ナタニア近くにあるマーバロット・キブツである。トルトゥリエと妻のモードはそこを訪れ、キブツの美しさとおだやかな静けさに心を惹かれた。新しい国、イスラエルの理想郷は、ふたりを強くひきつけた。彼はイスラエルを育てるために手伝うだけでなく、一年間のコンサートをすべてキャンセルして、マーバロット・キブツの果樹園で、グレープフルーツやバナナの収穫を無報酬で行ない、週に一度は食事のサービスもしたのだ。だが、もちろん、教えることは続けた。のちに彼は自伝の中で、こう書いている。

「われわれは実にシンプルな生活を始めました。愛と仕事だけの日々でした……ゴミ収集の人も、科学の教授も、まったく同等の人間として働きました。すべての人が、同じ服装をしていました。同じものを食べ、同等に扱われました。わたしのような者にとって……それは理想的な生活でした……必要なものはなんでもありました……そもそも、生きていくために、そんなにたくさんのものは要りませんから。われわれはともすれば、要りもしないものをたくさん持ってしまいます。恐怖から、誘惑から、習慣からとか……とにかく、すばらしい体験でした。毎日、完璧に平等でシンプルな暮らしの中で、同じ自然を愛で、仕事を愛し、美を味わったのです†」

ラフィのチェロの先生は、彼の演奏をトルトゥリエに聴いてもらおうと考えた。母に励まされ、ラフィはほこりっぽいがたがた道をバスで二時間かけてキブツに出むき、その偉大なチェリストの前で演奏した。トルトゥリエはすぐに若きチェリストの才能と音楽性に気づき、感銘を受けた。レッスンのあと、トルトゥリエはラフィに、エルサレム音楽院を卒業したら、フランスへ来るようにすすめた。パリ音楽院の彼のもとで勉強するようにと言ってくれたのだ。さらに、奨学金も約束してくれた。

一九五八年、ラフィはパリ音楽院の奨学金を受けることになった。だがここへ来て、ラフィとアリスはある問題を抱えた。これからふたりはどうやって交信すればいいのだろう？　国際電話は高すぎる。アリスはヘブライ語は話せたが、読んだり書いたりは小学校レベルだった。ラフィはチェコ語とドイツ語は書けない。そこで、ふたりはヘブライ語で手紙を書きあうことにした。アリスはすぐさまヘブライ語を書く練習を始め、息子に手紙を書くたびにめきめきうまくなった。

四年後、ラフィは音楽院を待望の首席で卒業した。何よりうれしいことだった。

そのあと数年間、彼はあちこちのコンクールで勝利を収めた。一九六三年、ボストンでピアティゴルスキー芸術賞、また、ミュンヘン国際チェロ・コンクールでは第一位なしの第二位、一九六五年のサンチャゴ・デ・コンポステラ・コンクールでは優勝した。その後もコンクールで経験を積み、ラフィは世界にはばたくチェリストとして活躍し始めた。

さらに、イギリスのマンチェスターの王立ノーザン音楽大学から、チェロ学科長の職を依頼されたラフィは、生活の基盤ができた。彼はそこで二十二年間、教えた。また、ロンドンの王立音楽大学での第一室内楽オーケストラの指揮者も務め、ロンドンに終の棲家を得た。彼と妻のジェナヴィエーヴは、フランスの田舎のジェックスで毎年行なわれる、夏の室内楽フェスティバルを創設し、その地にセカンドハウスを持った。六十年代、七十年代、アリスはラフィが演奏旅行に出るときにはよくピアノ伴奏者として同行した。ふたりは、ヨーロッパはもとより、アメリカや南アメリカへも遠征して、チェロとピアノのデュオ・コンサートを開いた。その間も、ラフィは数々の賞を受賞している。たとえば、二〇〇〇年、ニュルンベルクで大ズデーテン・ドイツ文化賞、さらにイギリスの音楽家としては最高の賞である皇太后から与えられる賞も受けた。皇太后は、彼を王立音楽大学の名誉会員に任命した。しかし、最も意味のある賞は、彼に与えられたものではなく、彼の弟子が受賞した、国際ロストロポーヴィッチ・チェロ・コンクールの第二位だった。ラフィは指導者としての名誉をほしいままにした。

だが、チェリストとして、指導者として、いかなる名誉を得ても、ラフィが何より感謝していたのは、自分の師であり、導き手であり、友人でもあるポール・トルトゥリエだった。二〇〇〇年、ラフィはロンドンのウィグモア・ホールで、トルトゥリエ没後十年追悼コンサートを行なった。トルトゥリエは一九九〇年、パリ近郊のヴィラルソーという村で亡くなったのだ。奇しくも、この追悼コンサートは、ラフィの最後の大きなコンサートとなってしまった。というのは、ラフィはそれからたった一年後にこの世を去ったからである。トルトゥリエの音楽と人生における理想が、ラフィの芸術に大きな影響を与えていた。これはまた、母の音楽観、道徳観にもとづいて形成された彼の人生観を強固なものにした。トルトゥリエの誕生日は、たまたまバッハと同じ、三月二十一日だった。アリスが最も信頼する音楽の父バッハの力を、トルトゥリエも信奉していた。彼は書く。

「ヨハン・セバスチャン・バッハの芸術は、人間が到達できる最高の高みにある。崇高そのものだ……宇宙の平和の理想である。われわれが、孫の時代までバッハの音楽を楽しむことを望むなら、一致団結して核戦争の脅威と戦うべきである†」

ラフィが、パリ音楽院で知り合った若いフランス人のピアニスト、シルヴィ・オットと婚約したのを知ったアリスは、新しい家族として嫁を迎えることにわくわくした。やがて、ふたりの間には、かわいい子どもがふたり生まれた。ダヴィドとアリエルである。アリスはうれしくてたまらなかった。ところが数年後、息子ラフィがいつもうかない顔をしているのに、アリスは気づいた。彼とシルヴィは、ほんのささいなことで激しい口げんかをするようになっていたのだ。ふたりとも、いさかいのことや愚痴をまったく口に出さなかったが、アリスはふたりの間に横たわる険悪な空気や、ますます広がる深い溝を感じざるを得なかった。ある日のこと、三人がロンドンのアリスの家の台所のテーブルについていたとき、アリスはふたりをじっと見据えて、こう言った。

「ふたりともすばらしい人たちだけど、一緒にいると不幸なのね。このままの状態を続けていくのは、意味がないわ。子どもたちにとってもマイナスよ」

ラフィとシルヴィはびっくりして顔を見合わせた。子どもたちの祖母であるアリスが、こんな提案をするのが信じられなかったのだ。

ラフィはたずねた。

「つまり、離婚したほうがいいということ？」

「ほかに道はなさそうだからよ」と、アリス。

「でも、弁護士に頼む金なんかない」ラフィが言った。

「そんなものが必要なの？　あなたたちはわけのわかった人たちなのだから。では、こうしましょう。わたしが代理人になってあげます」

アリスはペンと便箋をとってくると、ふたりの話をききながら、これからの生活の合意書を作成した。

こうして、家庭内での話し合いですばやく合意が成立し、ふたりは友好的な離婚をすることができた。息子とその妻に対する公平な態度を示すため、アリスは役所の許可を得るための書類作成費用を自分で出した。おかげで、若いふたりはけんか別れをすることもなく、弁護士を雇う必要もなく、アリスの機転が将来への道を作った。ラフィが亡くなってから十年後、離婚からは二十年後の今、シルヴィは変わらずアリスに、ご機嫌伺いの電話をしてくる。

息子の離婚についてアリスは言う。

「離婚が憎しみとか複雑なものだと決めつけるのはおかしいと思います。息子の結婚は、若気の過ちだったのです。高僧だって、判事だって、結婚が永遠に続く保証などできませんよ。あのふたりは、一緒に暮らしているうちに状況が悪化し、みじめなものになっていきました。結婚生活に期待していたものが違っていたのです。離婚は合理的な解決方法でした。幼い子どもたちにとって、不仲の両親がいる家で育つのは苦痛ですから、別れたほうがよかったのです。良識、良識のなせるわざです」

しばし目を閉じて、アリスは考え、さらに言葉を継いだ。

「今、わたしはここまで歳をとって、孫が大人になり、ラフィのふたりの妻が年配の女性になるのを見て、あのときの決断は正しかったと思うのです。そう、わたしはよくやったと思いますよ。子どもたちの暮らしに首をつっこむなとよく言われますが、ときには、子どもたちが助けを欲しがるときもあるのです……背中を押してほしいときが。だって、子どもはいつまでたっても子どもなのですから」

亡くなる前、ラフィが自分の芸術観について書き残したものがある。アリスはその文章を覚えていて、それをよく引用するのだった。

「ぼくは一番を目指すたちでは、まったくない。ぼくはただ、人びとに音楽のほんとうのすばらしさを伝えたいのだ。音楽の最大の楽しみは、それを人びとが聴いてくれることだ。ほんの短い間でもいい、すべてが最高に美しくて、すばらしい理想の世界をちらりとでも感じてほしい……音楽は至福のものだ。音楽は、われわれに平和の国をもたらしてくれる」

大人のラフィについて、アリスは言う。

「あの子はめったに『ぼく』という言葉を使いませんでした。大人になってからも無口でしたが、話しだすと、思わず耳を傾けたくなりました。息子はいわゆる野心や嫉妬とは無縁の人間でした。他人を褒めることのほうが多かったのです」

ラフィが亡くなったのは、イスラエルでのコンサートのあとだった。その夜のことを、アリスは話してくれた。

「すばらしい、オール・ベートーヴェンのコンサートでした。ラフィは、ソロモン・トリオのチェリストとして演奏したのです。とても幸せそうでした。でも、コンサートのあと、ラフィは友人たちに気分が悪いと言ったので、病院へ連れていってもらいました」

そこで、腸骨周辺動脈瘤と診断されたのだそうだ。彼はすぐ麻酔薬を打たれた。医師がすぐに手術をしないと生命の危険があると判断したからだ。

「ラフィは二度と目を覚ましませんでした」アリスは言う。「でも、苦しむことなく逝ったので、よかったと思うのです。至福の一日を過ごしたからです。彼の最後の記憶が美しい音楽だったことを喜びたいのです。死ぬかもしれないと思って、恐怖におののかずにすんだのは、ほんとうによかったと思います」

二〇〇一年十一月十三日、ラフィは亡くなった。アリスの九十八歳の誕生日の十三日前のことだった。アリスの悲しみは一通りではなかった。友人、家族はたいへん心配した。こんなつらい試練に、アリスは耐えられるだろうか？　だが、アリスは、愛と尊厳をもってしても変えられないことは諦めて受け入れるという、不屈の精神の持ち主だった。アリスは、残されたラフィの家族のことを思いやった――ジェナヴィエーヴと孫息子たちだ。

ラフィの葬儀は、音楽にあふれたものとなった。彼の人生を象徴するように。数人が短い弔辞を述べ、それから、彼の墓の前で、数人の友人たちがチェロの演奏をした。それからほとんど毎月一度、アリスは、孫息子アリエルの腕を借りて、ラフィの墓参をした。シンプルな墓碑には、ヘブライ語が刻まれている。祈りを信じているかとたずねられると、アリスはこう答える。

「はい。危機に瀕したとき、祈りはほんとうに必要であり、救いになります」

ただ、アリスは決して自己憐憫におちいっているわけではない。

「息子を失った母親はたくさんいます。わたしだけではありません。わたしは、あの偉大なピアニスト、クララ・シューマンに大きなパワーをもらっているのだと思います。彼女は、わたしより百年も前に、ふたりの子ども、フェリックスとユリアを失っています。けれど、音楽のおかげで、彼女は最期まで頑張り通しました」

ラフィの若すぎる死を振り返り、アリスは、ラフィが老年の苦しみや悲しみを味わわずにすんだことを喜んでいると言うのだった。部屋のあちこちに飾ってあるラフィの写真を見ては、息子がもうこの世にはいないのを思い知らされると、アリスは言う。

「チェロを持った息子の絵を見てください。実に美しい。でも、もうこの世にいない人の絵なのです」

ビデオ・デッキにビデオテープを入れながら、アリスは言った。

「ほら、ここにラフィがいます」

それは、ラフィがジュネス（青少年）オーケストラを指揮して、世界を演奏旅行したときのビデオだった。

「技術の進歩はめざましいものです。息子は亡くなりましたが、ここでは活き活きとして、すばらしい音楽を聴かせてくれています。技術がさらに進めば、いつの日か、だれも死なない世の中がくるかもしれませんね」

アリスは、自分とラフィの間には、とげとげしい言葉などひとつもなかったと思っている。ラフィが弾くボフスラフ・マルティヌーのチェロ・ソナタ第二番を、目を閉じて聴きながら、アリスは言った。

「息子がわたしに与えた唯一の悲しい時は、亡くなった時、それだけです」

第13楽章　初めての飛行

アリスは今も、生まれて初めて、新し物好きの父と自動車に乗ったときのことを、楽しく思い出す。父は、プラハでも最初に車を買って、仕事用に乗り回したひとりだった。アリスが結婚した頃も、車はまだチェコでは贅沢品と考えられていた。アリスの甥ハイム・アドラーは、少年時代におじレオポルト、つまり、アリスの夫の車に乗せてもらったことを覚えている。レオポルトは甥を連れて、田舎へキノコ狩やピクニックによいところをさがしに行ったときにはよく、甥にハンドルを握らせてくれたものだった。

アリスにとっての初飛行は、一九五九年か一九六〇年だったろうか。テルアビブからパリまで、エアフランスの四エンジンのプロペラ機で飛んだときだった。パリ音楽院で勉強していた息子に会いに行ったのだ。その初めての飛行はまさしく冒険だった。アリスは魔法を体験したような気分を味わったと言う。今では、多くの人たちにとってごく当たり前のことなのだが、機体が鳥のようにすーっと空へ飛び立ち、ぐんぐん舞い上がっていき、浮かんでいる雲の中に座っているかのような気持ちになり、気流が悪いところで揺れるのもわくわくする……この体験は、アリスにとってまさしく魔法だった。飛行機に乗るということは、本でしか知らなかった世界各地をこの目で見られるということだと、アリスは思う。地球が狭くなるという意味なのだから、今後、すべての人間がひとつの家族のようになる日があればいいと、アリスは考える。

「いつの日か、人間がもっと賢くなれば、平和のうちに仲良く暮らせるようになるかもしれませんね」

一九四八年にチェコではテレビが導入されたが、アリスは当地ではそれを見るチャンスがなかった。初めてテレビを見たのは一九六六年、イスラエルでテレビが見られるようになったときだ。アリスは子どものように興奮し、技術の進歩に目をみはり、今もその気持ちを持ち続けている。そういう進歩を、今われわれは当たり前に思っているが、過去の人びとの姿を、まるで今、生きている人たちのように見ることができたり、今、中国やニューヨークで起こっていることをロンドンで居間に座って、テレビで見られるのだから、たいしたものである。

アリスにとって、初めての経験の中でも最も勇気と決断力が必要だったのは、ふるさとを離れてイスラエルへ移住するときだった。乗り越えねばならないことは多々あったが、イスラエルはアリスの性格に合った国だった。社会派で、理想主義で、物質的な豊かさを求めないアリスにとって、イスラエルは理想の新しいふるさとだった。彼女の独立心は、政界においても、戦争時においても、男女平等に働き、独立を勝ち取ったイスラエルの人びとに尊敬された。さまざまな宗教、国籍、文化にたいする許容度が、イスラエルの人びととの民主主義思想に織り込まれていた。ハイム・アドラーが言った。

「宗教にこだわらないユダヤ人なら、イスラエルにいるほうが、ニューヨークやほかのヨーロッパの町にいるより、暮らしやすい」

近年、アリスのようにイスラエルにやってくる難民は、ヨーロッパの人がほとんどだ。

また、イスラエル人たちが自分を理解してくれているとアリスは思っていた。有名無名を問わず、芸術家を尊敬していた。知性と音楽の力をもって建国したのだ。アリスは感謝の気持ちを忘れず、ピアニスト、教師として、自分の経験や知識をこの国のために生かそうと心に誓った。将来を担う世代の人たちに自分の伝統文化を伝え、国をさらに発展させ、守っていく手伝いをしたかった。

一九四八年五月十四日、アリスがまだプラハにいた頃、イスラエルが独立を宣言した。テルアビブで堂々たる、感動的な式典が開かれた。二百名ほどの招待客は、午後四時、ロスチャイルド大通りにある、花に飾られたテルアビブ美術館に集まった。テオドール・ヘルツルの大きな肖像画が、暫定政府の役人が座る十三の椅子の後ろ側にかけられていた。パレスティナ管弦楽団がバルコニーに控え、新しい国歌「希望（ハティクヴァ）」を演奏していた。それは、スメタナの〈モルダウ〉にも使われた民謡のメロディを基に作曲されたものだ。新政府の役人がひとりひとり独立宣言書に署名し、最後は、ダヴィド・ベン＝グリオン首相の言葉でしめくくられた。

「イスラエルはここに建国されました。式典を終わります†」

ゴルダ・メイアはその自伝の中で、式典の間、涙をこらえることができなかったと書いている。

「イスラエルよ！……ああ、わたし、ゴルダ・マボヴィッチ・メイアソンはこの日を見るために生きてきたのだ†」

ベン＝グリオンが、この新しい国の建国の辞を述べた。

「イスラエルは、ユダヤ人の入植者と、ここに集まる異邦人の国となるだろう†」

救えなかった人びとのこと、この式典に参列出来なかった人びとのことを考えながら、ゴルダはすすりないた。

半世紀前、アリスが生まれる六年前のこと、スイスのバーゼルで開かれた第一回シオニスト会議で、ウィーンのジャーナリスト、テオドール・ヘルツルは日記にこう記したものだ。

「バーゼルで、わたしはユダヤ国家を立ち上げた。だが、そんなことを今日言ったとしたら、きっとみんなに笑われただろう†」

だが、彼は信念をもってこう書いた。

「おそらく五年後、きっと五十年後には、それが実現するのをすべての人びとが見ることだろう†」

彼がユダヤ人国家の建設を胸に抱いたのは、ドレフュス事件を取材し、記事を書いたことに端を発する。フランス軍の将校、アルフレッド・ドレフュス大尉は、無実にもかかわらず、フランスの反ユダヤ主義者たちのせいで死刑を宣告された。ヨーロッパのユダヤ人抹殺という、十二年にわたるナチの毒牙を乗り越え、イギリスとの戦いを勝ち抜き、イスラエルの独立は勝ち取られ、ついにヘルツルの予言は実現したのである。しかし、彼は生きてそれを見ることはできなかった。

アリスとラフィがイスラエルのハイファ港に着いたとき、イスラエルは建国一周年を祝っているところだった。アリスの強烈な第一印象は、ラクダや、ロバに引かれた馬車のいる、古代エルサレムの美しい姿が、レストランや、自動車やトラックの排気ガスの充満するナイトライフといった、二十世紀のモダンな面と、対照的な調和を見せていたことだった。何よりもすばらしかったのは、学校やアパートメントから、ベートーヴェンやモーツァルトの曲が風に乗って聞こえてきたことだ。

アリスは今でも覚えている。のちに世界的な名指揮者となるダニエル・バレンボイムが、十歳のとき、音楽院の小さなコンサート・ホールでモーツァルトのソナタを全曲演奏したときのことを。ダニエルは、両親とアルゼンチンから移住してきたばかりだった。少年の頃のダニエルを知っていることをアリスはとても誇らしく思っている。そして、彼のことを「実にユニークで……類まれな天才です」とうれしそうに言うのだ。そしてすぐさま言葉をつぎ、ダニエルがラフィの死を知って、二〇〇二年の初めに、わざわざロンドンのアリスの家を訪れた話をしてくれた。

「彼はラフィの親友でした。わたしたちは平和について話しました。彼は理想主義者なのです」

バレンボイムと、コロンビア大学教授で作家の故エドワード・サイードは、ウェスト・イースタン・ディヴァン・オーケストラを創設した。これは、イスラエルとパレスティナだけでなく、アラブ諸国の奏者も含めて結成されたオーケストラである。バレンボイムは、このオーケストラを〝無知を打ち破るプロジェクト〟と位置づけていた。彼は言う。

「世界の人びとがお互いを知り、他の人が何を考え、感じているかを理解することが何よりも大切です。相手の考えにすべて賛成しなくてはならないわけではありません」†

イスラエルとパレスティナは共生できるというのが、バレンボイムとアリスの共通の考え方だった。だから、共に音楽をすることが、平和への一歩だと考えているのだ。エルサレムにいた初めの頃は、アパート代にも事欠くことがあったので、アリスとラフィは台所とお風呂場を、アラブ人家族と共同で使っていた。夜や週末にアリスが仕事をしているときは、その人たちが息子に食べさせたり、お守りをしてくれたりしたものだ。〝敵〟と友達になること、これこそアリスが最も重要な務めだと思っていることだった。新しい平和を築くきっかけになることを望んでいたからだ。

「とにかく殺し合いをやめる道を探るべきです」

イスラエルに来たのは、アリスが四十六歳の誕生日を過ぎた頃だった。かの地では、コンサー

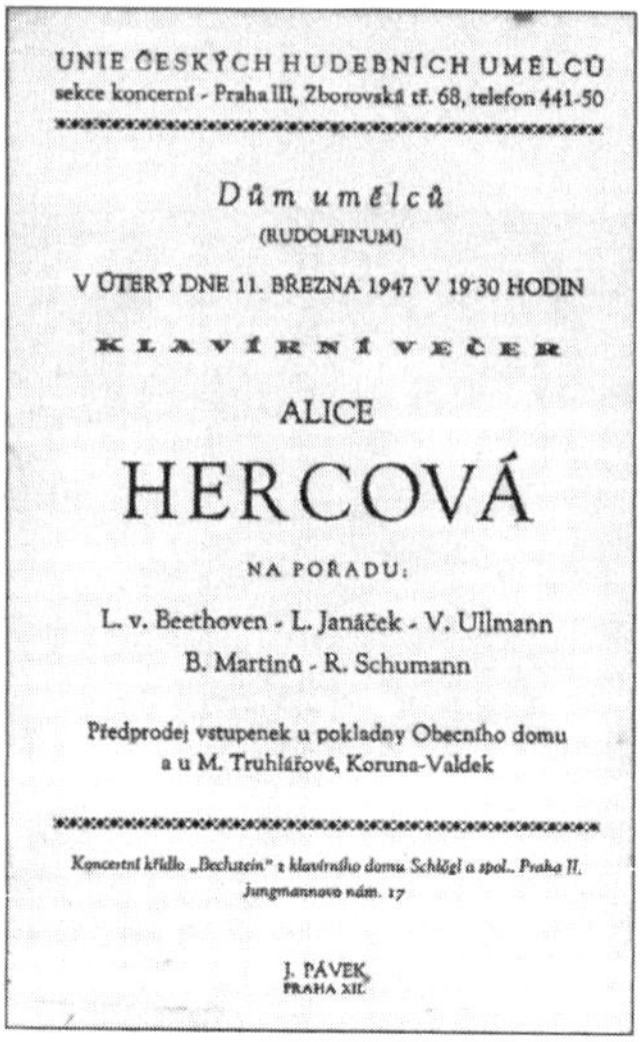
UNIE ČESKÝCH HUDEBNÍCH UMĚLCŮ
sekce koncerní - Praha III, Zborovská tř. 68, telefon 441-50

Dům umělců
(RUDOLFINUM)
V ÚTERÝ DNE 11. BŘEZNA 1947 V 19·30 HODIN

KLAVÍRNÍ VEČER

ALICE
HERCOVÁ

NA POŘADU:
L. v. Beethoven - L. Janáček - V. Ullmann
B. Martinů - R. Schumann

Předprodej vstupenek u pokladny Obecního domu
a u M. Truhlářové, Koruna-Valdek

Koncertní křídlo „Bechstein" z klavírního domu Schlögl a spol., Praha II,
Jungmannovo nám. 17

J. PÁVEK
PRAHA XII.

1947 年のアリスのコンサート・プログラム

プログラムに載ったアリスの写真

ト・ピアニストとしてアリスの名前はまったく知られていなかった。マックス・ブロートなど、当時の批評家によれば、戦争前にヨーロッパ各地でオーケストラと共演し、その後、イスラエルでも演奏をしたアリスのピアニストとしての評価は高かった。温かな、美しい音色と、感情のこもった、見事なリズム感を持っていた。作曲家の意図に可能な限り沿いたいというアリスの演奏は、デイム・マイラ・ヘスや、ミエチスラフ・ホルショフスキーの流れを汲んでいると言われたものだ。

「わたしは大変シンプルな人間です。ですから、誇張なしに、シンプルに弾きます」とアリスは言った。

四十代半ばのアリスは、円熟期だったから、イスラエル・フィルハーモニーとの共演もできたかもしれなかった。そうすれば、国際的な名声を得るチャンスにつながったかもしれない。事実、テレジエンシュタットで一緒に収容所にいた者たちのうちの何人かは、戦後、演奏家として成功を収めた。チェコ・フィルハーモニー管弦楽団の指揮者に任命されたカレル・アンチェルは、のちにトロント交響楽団を率いることになった。あの豊かなバスの声を持つカレル・ベルマンは、東ヨーロッパで大きな成功を収め、チェコ・フィルと共演したり、プラハのオペラ劇場で歌ったりした。

しかし、音楽界での名声を得るうえで重要なのは、若いうちに華々しい活躍をすることだ。アリスは真のアーティストだったから、毎日、練習を五、六時間やり、自分の得意の曲を磨くことに専念し、コンサートの出演料があろうがなかろうが、お構いなしだった。「わたしは、自分の内にある批評家に向かって演奏します。他の人たちの意見など、どうでもよいのです」と、アリスは言う。

アリスの甥ハイム・アドラーは、もしアリスがプラハで、鉄のカーテンの内側に留まっていたら、おそらく、チェコ・フィルと共演していただろうし、東欧連合諸国で演奏活動をしていただろうと思っている。

「アリスは間違いなく、チェコで最高のピアニストでした」と、ハイムは言うのだ。

アリスに、そのすばらしさがわかる国際的なマネージャーがついて、彼女を紹介宣伝していたら、とアリスの友人たちは思う。そうすれば、アメリカやイギリスの新聞でアリスのこれまでの軌跡が紹介されて、ニューヨークやロンドンでリサイタルが開かれていたにちがいない。だが、アリスは個人的な利益のために過去の悲劇を利用するつもりなどまったくなかった。アリスの演奏を聴いた人びとのほとんどは、アリスが収容所から逃れて、難民になったとは思いもしなかった。

イスラエルへ移住してきたアリスにとって、日々の暮らしや将来の希望は以前とはすっかり変わった。ひとりになってアリスはじっと考え込んだ。いったいなぜ、自分たち家族を含めたユダヤ人たちは、このような恐ろしい悲劇に見舞われたのだろうか。そこで、アリスはイスラエルが勝ち取った奇跡と、難民たちに示された希望に、改めて目をみはった。チェコの詩人ライナー・

マリア・リルケは、知恵は予測を許さないと言った――知恵は曖昧な答えを知ろうとはせず、恐れを持たずに疑問を直視する。

「あなたの心の未解決の問題をあせって解こうとしてはいけない。疑問を持ったこと自体を、鍵のかかった部屋の前に立ったときのように、また、外国語で書かれた本を見たときのように、わくわくするものと考えよ」リルケはさらに言う。「そうすれば、知らず識らずのうちに、いつの日か、その答えがわかるだろう」†

アリスの疑問に立ち向かう姿勢、つまり、新しいもの、違ったものに対する旺盛な好奇心は、平穏な心と、まわりの人びとにもつたわる若々しい幸せ感によるところが大きい。恐れも感じずに初めて飛行機に乗ったときから、アリスはまわりの状況を常に観察し、疑問を抱き、毎日の出来事からさまざまなことを学んだ。本や学位とは別次元の学びである。彼女にとって、これこそが最高の教育だった。

第14楽章　ピアノ教師アリス

アリスは言う。

「わたしはだれにも哀れんでもらいたくありません。音楽院の最初の日から、わたしはそう思っていました。だから、過去のことはいっさい口にしませんでした。難民だからといって、特別扱いされたくなかったのです。だれも、わたしが収容所の生き残りだとは知りませんでした。わたしの過去を知ることが生徒たちの重荷になってはいけないからです」

アリスは普通のピアノ教師とはかなり違っていた。人生の道を歩むうえに必要な熱意、寛容、やる気、そして愛、それらを動員して、エルサレム音楽院で教えることに心血を注いだのだ。当時を思い出して、アリスは言う。

「ピアニストにとって最も難しい曲を練習している優秀な学生たちを指導するというのは、新しい挑戦で、わくわくしました。プラハで初心者に教えていたのとはまったく違ったからです。また、話す言語もばらばら、レベルもいろいろ違う学生たちに、どうやって教えたらいいか、自分でも教え方を研究する必要がありました」

厳しい、しかし、教え方が公平な教師だと、アリスは言われた。すべての学生を最高レベルまでひきあげるように努める教師だった。だが、学生たちは、アリスの教える言葉だけでなく、その〝天使のようなほほえみ〟によって多くのことを学んだと言ったものだ。ヘブライ語では深いニュアンスまでは伝えきれなかったが、学生たちは、アリスがほんとうに伝えたい感情的なところをすぐに理解することができた。

アラブ系の学生も数人、アリスのレッスンに来ていた。そのひとり、キリスを思い出すと、アリスは温かい気持ちになる。現在は教師になったキリスは、四年前にロンドンにアリスを訪ねてきた。五十年前のノートを持ってきたのだ。キリスは、自分がアリスのレッスンを受けていたときに、その言葉や指導をひとつも漏らさず書いていたのを見せたかったのだ。キリスはアリスに言った。

「先生が教えてくださったやり方で、わたしは今、生徒たちに教えています。それをどうしても伝えたかったのです。指導上で何か困ったことがあると、わたしは先生のおっしゃったことを思い出すようにしています。ですから、アリス先生、あなたは相変わらずわたしの先生なのです」

アリスは、キリスにピアノを弾いてほしいと頼んだ。弾くまで帰さないと言った。キリスは少しとまどったが、アリスの励ましに満ちたまなざしを受けて、エルサレム音楽院で卒業直前にアリスの最後の指導を受けた曲を弾くことにした。ドビュッシーの透明感のある〈喜びの島〉だ。演奏が終わるとアリスは言った。

「わたしの自慢の生徒だわ」

その言葉に、キリスは「雲の上に乗った気分でした」と言った。

アリスの別の生徒のレア・ニーマンは、アリスのことを尋ねられると、こう答えた。

「今でも、リンゴのにおいを思い出します。先生は忙しくて食事の時間もろくにないほどでした。ですから、いつもかばんにリンゴを入れていたのです。もいだばかりで、緑の葉っぱがついたままのリンゴです。おなかがすくと、先生はレッスンの最中でも、リンゴをかじっていました。先生がスタジオのドアをあけたとたんに、気持ちのいい広々した部屋に、もぎたてのフレッシュなリンゴの香りがしていたものです。レッスンがすむと、先生はわたしにおなかがすいていないかたずね、リンゴを渡してくれて、外まで送ってくれました。学生に愛されるお母さんのような人でしたね」

「アリスはとてもユニークな人でした」ニュリット・ヴァシュカル・リンダーは語る。「パワフルで、かつ寛大でした。レッスン室に来た学生に何も与えずに帰すことは決してありませんでした。楽譜、キャンディ、鉛筆、何かしらをくれました。でも、何よりすばらしかったのは、なかなかうまく弾けないときでも、じっと黙って聞いていてくれたことです。時計があったとしても、それは文字盤のない時計だったのでしょう。レッスンは時間に関係なく、必要なだけ続きました。

けいこがしっかりできていたときは、レッスンも長くなりました。アリスは、当時も今も、最も忘れられない先生です。教えてもらった音楽の知識は、事あるごとに、また毎日の暮らしにも役立っています」

ニュリットはわざわざロンドンまで、何度もアリスに会いにやってきた。

「なんと、アリスは相変わらず、わたしが帰るときに何かをくれようとしました。こないだわたしがアリスに会ったときには、つい話が乗って、午前中いっぱい一緒にいました。すでに午後一時で、そのときドアのベルが鳴りました。アリスが毎日とっている宅配の食事が来たのです。あわててわたしはかばんをつかんで、帰ろうとしました。でも、アリスはランチを一緒にしようと言って、さっさと皿を二枚出し、フォークも二本用意して、食事を二つに分けました。肉があまりに小さくてグレイヴィーに隠れているような一皿と、大さじ二杯分くらいのマッシュポテトと、インゲンが七本だったでしょうか。普通の大人ひとりにだって、少ない分量です。けれどアリスは真剣にどうぞ、どうぞと薦めるので、わたしはグラスに水を入れ、一緒にテーブルにつきました。アリスは一口食べ、『すばらしい！』と言いました。しばらくしてやっと、それが食べ物についてではなく、一緒に食事ができることについての感想だとわかったのでした」

毎週、イスラエルからニュリットはアリスに電話をしてくる。

「何か役に立ちたいのです。アリスはヘブライ語をしゃべるのが楽しみなのです。アリスは厳しい先生でしたが、ほんとうに辛抱強い人でした。目標はあくまで高かったです。ですから、わたしはいつも先生をがっかりさせているのが残念でなりませんでした。あんなに一生懸命教えてくださったのに」

教師アリスは、偉大な作曲家たちから多くの刺激を受けている。国も違い、時代も違う作曲家たちではあるが、アリスは彼らの思想や動機を長い間探り続けてきたし、今も探っている。

「両親はわたしたちきょうだいに道徳教育を施してくれました」と、アリスは言う。そして、ベートーヴェンの例をひく。自分のお金などほとんどなかったにもかかわらず、困っている人がいれば助けようとした男だった。ホテルの支払いができなかったときでさえ、チェコスロヴァキアのカールスバートのグランド・ホテル・プップでチャリティ・コンサートを行なったことがある。お金に逼迫した名もない作曲家のためだった。

アリスはちょくちょくベートーヴェンを引き合いにだす。彼の才能にほれこんでいるからだ。

「歳をとるごとに、ベートーヴェンの奥深さがますますわかってきました」

恐れを知らぬ才能に導かれて、新しい音楽をどんどん作っていったベートーヴェン。必要とあらば、既存のルールなどものともせず、それをひっくり返した。彼は芸術家を自負する最初の音楽家だった。音楽の仕事だけで生活し、だれにも頼ろうとしなかった。人生の意味を模索しつづけ、哲学者の言葉を書き付けたノートを持ち歩き、常にひらめきを求めていた。その時を超えた音楽の中に、彼は人間のあらゆる感情を表現した。アリスは、ベートーヴェンを既成概念から自由な人だったとよく言う。相手が王や王子でも、意見が合わないときは毅然として反対した。アリスは言った。

「彼はヒトラーにだって、ノーをつきつけたでしょうね」

ベートーヴェンの態度や服装はかなり粗野ではあったが、道徳意識――正義や自由に対する揺るぎない気持ち――は文句のつけようがなかった。

「収容所にいたとき、ベートーヴェンを弾きながらふと、自分がナチの非人間性に対抗しているような気持ちになったものです」とアリスは言った。「聴いてくれている人たちが、古き良き時代の思い出にひたりながら、わたしと一緒に息をして考えているように思いました」

生徒や自分のために、アリスはシューベルト、ブラームス、シューマンから、謙虚さ、他の人の才能を認めること、彼らの曲に込められたエネルギー、そういうものを引き出して、レッスンに役立てた。ベートーヴェンが亡くなったとき、まだ三十歳だったシューベルトは言った。

「自分のものとはっきり言える曲を作りたい。しかし、偉大なベートーヴェンのあとで、そんなことができるものだろうか」

ブラームスは十五歳で学業を諦めた。生活費を稼ぐため、大学へは行けなかったのだ。しかし、その人生を通して、常に哲学書を読み、好奇心を持ちつづけ、最新の科学的発見に目を向けていた。そして、初心を決して忘れず、また、助けの手をさしのべてくれた人を忘れることはなかった。ブラームスが常に自分に言い聞かせていた言葉がある。

「偉大な詩人ゲーテは教えてくれた。『われわれはつい自分こそが元祖だと思うことがあるが、それは何も知らないがゆえである』と」

ローベルト・シューマンは寛大な心の持ち主だった。自分のキャリアを磨くことより、他の作曲家の作品を出版社によく紹介してやった。批評家としての彼は、若い、名もない音楽家たちを、「新音楽ジャーナル」誌のコラムで、惜しみなく、価値あるものとほめて国際社会へ紹介した。また、シューマンはシューベルトやバッハなど、亡くなって久しく、ほとんど忘れられてしまった作曲家たちの名作を発掘したり、彼らの遺作の編纂なども手がけた。

アリスは生徒たちをバッハの曲の高みへ案内し、この芸術家の啓示に目覚めさせようとした。アリスの生徒で、バッハの有名な言葉を聞かずにレッスンを受けた者はいない。それはこうだ。

「わたし（バッハ）は神を讃え、魂を喜ばせるために曲を作っているのだ†」

アリスは言う。

「バッハは音の哲学者でした」そして、胸に手をあてて、さらに声高く言った。「彼の音楽はあたかもパズルです。ひねりや曲がりくねりがたくさんあります。はっきりとわかるときもありますが、わかりにくいところも多いのです。紆余曲折のうちに進んでいくわたしたちの人生と同じです。わたしにとって、彼こそ、音楽の神々の最高峰です」

現在、百八歳のアリスは、毎日の練習を、まず暗譜しているバッハの曲から始める。大好きな作曲家が与えてくれたチャレンジに立ち向かい、美を見つけ、意味を見いだすのだ。バッハの二声、三声のインベンションを暗譜でさらい直す。リウマチで曲がった両手の人差し指をかばいながら、それぞれの手の四本の指で、難しいパッセージを弾くのだ。バッハは、親指を含め、五本の指を全部使って弾いた最初のピアニストなので、アリスは、自分は五本指から四本指へと逆に進歩したピアニストだと笑いながら言うのだった。

長年の間、アリスはこのような不滅の作曲家たちの人生から、個人的な啓発をいろいろ受けてきた。そして、それを自分の演奏に生かしてきた。その作曲家たちに対する深い尊敬の念を、生徒たちに伝えてもきた。生徒が曲の作曲家のファーストネームを知らなかったりすると、アリスは目をむいた。

「なんですって！　あなたは友だちの名前も知らないの？」

そんな未来のピアニストたちの心に、作曲家に対する愛情を植え付けていたのを、アリスは知らなかった。自分が彼らに与えた影響が、生涯、さらにその先まで続くことも、また知らなかった。アメリカ生まれのイスラエル人の名ヴァイオリニスト、ギル・シャハムの母であるメイラ・シャハムは、そんな生徒のひとりだった。

メイラ・ディスキン・シャハム

「もちろん、わかります。この方はわたしの先生でしたもの」

アリスの最近の写真を見て、メイラは目に涙をいっぱいためて言った。

「ああ、先生。先生です。このほほえみ！」

今は孫を持つ祖母となったメイラは、ほぼ四十年前アメリカに渡ってきて以来、アリスの動向を何も知らなかった。そして、アリスがホロコーストの生き残りだと知って、新たな涙をこぼした。

「長年の間、何も知りませんでした。わたしたち生徒には、思いもよらないことでした。先生はいつも笑っていて、幸せそうでしたから。わたしたちがうまく弾けなかったときも、がっかりせずに、励ましてくれました」

メイラは高校の間、アリスのレッスンについていた。やがて科学者への道を進むことにし、ヘブライ大学へ入り、そこで遺伝学の学位を取った。

「先生はけいこへの情熱を与えてくれました」と、メイラは言う。「実は前に、ほかの先生のところで週に二回、レッスンを受けていたのですが、レッスンとレッスンの間に、練習などしないでやりすごしていました。どうせ、家にはピアノがありませんでしたし、そもそも、けいこをするというのが、珍しいことでした。ところが、アリス先生のおかげで、わたしはけいこが好きになったのです。最初は、先生のために隣の家のピアノを借りて練習をしていましたが、そのうちに友人たちと一緒に週末に音楽院へ行っては、何時間も弾くようになりました。練習が楽しくなったのです。

「結局、わたしはプロにはなりませんでした。でも、子どもが生まれて、その子たちを音楽の道

107歳のアリス

へ進ませる手助けをしました。そうです、わたしはアリス先生が教えてくださったことを子どもたちに伝えることができたのです。音楽と、音楽家たちの深い愛を。ですから、先生のご指導は無駄にはならなかったのです」

メイラの三人の子どもたちは全員音楽をたしなんだ。長女オーリは、著名なコンサート・ピアニストになった。長男シャイは、先端分子遺伝学の分野で著名な科学者となったが、音楽への情熱を持ち続けており、優れたピアニストだった。そして、次男ギルは、国際的なヴァイオリニストになった。

メイラはハイテクの遺伝学の仕事をしているときも、子どもたちや友人たちと音楽の交流をさかんに行なっていた。暇さえあれば、熱心にコンサートに出かけた。

「音楽の楽しみの半分をわたしは知っていました。つまり、聴衆になる楽しみです」

二〇一〇年の大晦日、メイラはセントルイスで、すばらしいファミリー・コンサートを楽しむことができた。オーリの夫、デイヴィッド・ロバートソンは、セントルイス交響楽団の音楽監督で、その日の指揮をした。オーリとシャイがそれぞれピアノ曲を弾き、ギルがメンデルスゾーンのヴァイオリン協奏曲を演奏したのである。セントルイスの音楽愛好家たちは、伝統がいかに伝えられ、世代を越えて大切にされているかをその目と耳で確認することができた。

エドナ・ザイチェック・モア

「ある年配の女性患者と話していたときのことでした」と、イスラエルの精神分析専門医のエドナ・モアは言った。「その女性が、ふと口にしたのです。『母がアリス・ヘルツ＝ゾマーとピアノを一緒に弾いているのを聞いたことがあるんです』と」

専門医としての威厳も何も忘れて、エドナは思わず、自分もアリスを知っていると言ってしまった。若い頃、アリスのピアノレッスンを受けていたことがあるからだ。そして、エドナはアリスの話を続けたのだ。その女性患者は自分に関わることなのでその話に引き込まれ、エドナへの信頼を一層強めた。

「おかげで、わたしはその患者を救うことができたのです」

エドナは、アリスに再会したのはロンドンだったと言う。

「もう五十年くらいたっているにもかかわらず、アリスは、わたしが上手に弾けたという曲をちゃんと覚えていました。それは、ショパンのスケルツォ第二番、ロ短調でした。そしてアリスは、わたしのボーイフレンド（のちに夫となった人）のギディオンが、わたしと一緒にベートーヴェンのソナタ、作品二の第一番を勉強していたのも思い出させてくれました」

ギディオンは大学生のときに、アリスのところでほんの一、二年だけレッスンを受けていたのだった。彼はのちに生物化学者になったが、エドナによれば、ピアノはずっと弾いていたそうだ。

エドナはアリスのもとで十年あまり勉強した。有能なピアニストだった。だが、彼女は自分はアリスの有望な生徒ではなかったと即座に言った。シャイで、人の注目を浴びるのを望まなかったからだ。音楽院のような競争集団の中にいて、大勢の人の前で演奏しなくてはならないのはとてもきついと思っていた。

「人前で演奏するのはいやでした。今だって、練習のときはひとりで、自分のために弾いています」

とはいえ、アリスはエドナがプロを目指しているかのようにレッスンをした。やがてエドナはアリスの個人的な生徒となり、アリスのアパートメントでレッスンを受けるようになった。従って、エドナはもはや、音楽院のピアノ教授陣の厳しい試験などに怯えることもなくなったのだ。エドナは、アリスのアパートメントの狭い居間が、大きなピアノに完全に占領されていたのを覚えている。

「歩く場所がないくらいでしたよ」

やがてアリスは、義兄エーミール・アドラー博士の援助を得て、もっと広い居間のある家を手に入れることができた。二台のピアノが入り、ハウス・コンサートにお客様を呼ぶことができるようになった。

アリスと同じく、エドナの両親もチェコスロヴァキアの出身だった。ただ、彼らはナチの手を逃れて、一九三四年にパレスティナで新しい生活を始めた。ふたりともアマチュアの音楽家で、音楽を愛好する、上品な、戦前のチェコ人たちの仲間だった。エドナの母はピアノを弾き、父はヴァイオリニストだ。ふたりは、エルサレムでアリスと出会った。ふたりとも、近しい親戚を多く亡くしていた。エドナの祖父はホロコーストの犠牲者だった。一九四〇年の初め、ナチが彼を捕縛したのだ。貧しい一家を支えるために、ブルノの闇市でタバコを売っていたところを捕まった。戦後、エドナは祖父がアウシュビッツで殺されたことを知った。

アリスの過去をおぼろげながらも知っている生徒は、エドナだけだった。それも、両親の会話を聞いていてわかったことだけだ。しかし、エドナはそれをアリスの前では決して口に出さなかった。その話題はタブーであるとわかっていたからである。

アリスとラフィは、広くなったアパートメントに移り住み、アリスは戦前から行なってきたハウス・コンサートを復活させることにした。エドナの両親はそれに必ずやってきた。アリスは必ずと言っていいほど、お茶とチェコのおいしいケーキを出した。お客たちはおしゃべりに話を咲かせ、やがて話題は政治問題になるのだった。一時間ほどしてから、アリスはおもむろにピアノの前に座り、一時間から二時間ほどのコンサートを行なうのだ。こうして、アリスは自分と同じように移民してきた友人たちと、チェコスロヴァキア時代のなつかしい暮らしを思い出し、かつてのように、楽しい時間を共有するのだった。

エスター・マロン・クレガー

二〇一〇年の秋、ロンドンに住むアリスを訪問する前のほぼ二ヵ月の間、エスターはショパンのバラード、ト短調を毎日、何時間も練習した。アリスには四十年以上も会っていなかった。また、この曲はコンサートでは何度も演奏していたが、それでもエスターは、かつての師の前で演奏すると思うと緊張していた。しかし、アリスはエスターの演奏を聴いて、感動した。

「すばらしい。あなたのピアノは進化しつづけていますね」

それこそ半世紀も前に、アリスが自分の演奏をほめてくれたときに、エスターはぞくぞくするような希望を感じたものだが、それと同じ感動を覚えたのだった。

アリスと同じく、その人生にはさまざまな障害が起こり、大変な経験をしてきたエスターだが、それでも自分のおかれた状況の中で、音楽への情熱を持ち続け、精いっぱい努力をしてきた。一九六二年、エスターは二年間の徴兵期間に入り、兵役につくことになった。その間、練習はできないし、音楽から遠ざかることになるので、エスターは不安になった。しかし、アイディアに事欠かないエスターは、その期間に音楽を教えることはできないかと当局にお伺いをたててみた。正式な教員研修を受けていなかったエスターは、イスラエル北部にあるキルヤト・シュモナのふたつの学校へ派遣されることになった。シリアとレバノンの国境近くで、危険なため、一般市民の教師は行かれないとされていたところである。かくしてエスターは、そこにある学校のひとつ、テル・ハイ校へ出向いた。始業日の前の、ある蒸し暑くうっとうしい日に、校長のザディク・ナハム・ヨナに会い、注意事項とアドヴァイスを受けた。

校長はエスターに、小さい子どもたちを教えるようにと言った。三年生から八年生までの子どもたちで、ほとんどがモロッコ、チュニジア、アルジェリアからの移民で、フランス語をしゃべる。校長と、そこにいる兵士たちと、教師たちはヨーロッパや中東からきたユダヤ人移民だった。エスターは、自分は正式な音楽教師としての訓練を受けていないと伝えてから、ここで使われている音楽の教科書とカリキュラムについてたずねた。すると校長は言った。

「申し訳ないが、ここには本が少ししかない。だが、リコーダーがいくつか、ドラム、シンバルがある。自由に使ってください」そして、さらに言葉を継いで言った。「わたしは音楽が好きです。ここの気の毒な子どもたちには音楽が必要です。どうか、できるだけのことをしてやってください。あなたは自由に何をしてくださってもいいのですよ」

あとになって知ったことだが、この情熱に溢れ、知的な、地にしっかり足のついた校長は、イラクからの移民で、実は大卒ではなかったのだ。しかし、彼は学校をみごとに運営し、兵士である教師たちから最大の能力を引き出し、愛をもって子どもたちの教育を行なっていた。

エスターはアリスを思い出し、アリスがいたところではいつも、音楽が豊かに流れていたのを思い出した。

「教えることは、愛情です。教師は教えることを愛さなくてはなりません」

そのアリスの言葉がエスターの思い出の中で鳴り響いていた。キリヤット・シュモナでの二年間に、エスターは何度かコンサートを開いた。ミュージカルを全幕演出し、生徒たちに衣装をつけさせて、上演もした。

「わたしにとっては最高の勉強になりました。大学院のセミナーより価値がありました」と、エスターは断言した。「教えるということは、常に頭を働かせて、その場の状況に即座に反応し、生徒個人個人の能力を引き出すことなのだと思います」

それこそが、アリスが生徒たちにしてくれていたことだったと、エスターは言う。

「アリスは、丁寧で優しくて、辛抱強い先生でした。そして、もっと難しいパッセージに挑戦してごらんと背中を押してくれました」

エスターは十六歳のとき、エルサレム音楽院でアリスに師事した。四年後、卒業試験を二ヵ月後に控えたとき、怪我をした右手の矯正のためにギプスをはめることになってしまった。エスターは練習ができなくなるとあせったが、アリスは慰めた。

「心配しないで。あなたは大丈夫。ギプスがとれてから試験までひと月あります。毎日レッスンしてあげますから」

「そして、アリス先生はその通りにしてくれました。毎日、わたしはレッスンに通い、とうとう卒業試験に間に合ったのです。そのうえなんと、わたしは最高点をとったのです」

エスターは、ニューイングランド音楽院の奨学金を獲得した。しかし、伴奏専攻では学位をとることができないとわかった。その学位のコースがなかったからである。だが、アリス譲りの頑固さで、エスターは校長に、伴奏専攻の科目を設けるよう強く頼み込み、校長はそれを受け入れてくれた。やがて、エスターは、声楽の伴奏専攻で最初の学位取得者となり、その後、その科目は人気科目となった。

エスターのひとり娘ミハルは、間接的にアリスの影響を受け、現在、ハイファ交響楽団でチェロを弾いている。ミハルは、二〇一〇年九月、アリスを訪問したときの話をしてくれた。アリスになぜチェロを選んだのかと聞かれたそうだ。

ミハルは言う。

「わたしは、母のような音楽家になりたいとずっと思っていました。母がチェロのピアノ伴奏をしているのを聴いて、チェロの音が大好きになりました。ですからアリスにそう答えたのです。するとアリスは、わたしにドヴォルザークのチェロ協奏曲を弾けるかとたずね、メロディを口ずさみはじめました」

ミハルはアリスに、学校でその曲はもちろん学んだけれど、オーケストラと共演したことはないと答えた。

「お声がかかるまで待っているの？」アリスはからかうように言って、続けた。「それより緩徐楽章を何度も何度も練習なさい。この楽章で、オーケストラとのやりとりのこつをつかめるでしょう。チェロが弾き、オーケストラに引き渡す――そういうやりとりは、まるで愛の会話をするようなものです。さようならは言わず、必ず戻ってくると言うからです。温かさと慈しみに溢れ、怒りや憎しみはまったく存在しません。あなたの音を、レーザービームのように相手の心にまっすぐ届けなくてはなりません」

そこで突然アリスは言葉を切り、エスターとコンサートをしたことがあるかとミハルにたずねた。

「もちろんあります」と、ミハルは答えた。「母と演奏するのは大好きです」

アリスは言った。

「わたしも、息子と一緒に演奏するのは大好きでしたよ。あれほど幸せなことはありませんでしたね。息子も楽しんでいたと思います。チェロの曲は暗譜しているくらいです。あなたのお母さんのエスターはすばらしいピアニストです。すばらしい！」

アリスはその言葉を一字ずつ強調して、繰り返した。別れしなに、アリスはこう言った。

「わたしたちは幸運です。世界でいちばん幸運です。どんなお金持ちより豊かです。音楽を知らない人たちはかわいそうですねえ！」

最近、エスターが気にしているのは、レヴィンスキー教員養成大学の仕事を引退しなくてはならないことだった。実はすでに二度も引退の時期が来たのだが、エスターの指導は大変専門的なものだったので、代わりがおらず、そのたびに呼び戻されていたのだった。二〇一一年五月、エスターは、教えている学生たちと一緒に、引退コンサートをすることになった。ところが、アリスにしてみれば、エスターを教えることから引退する気はまったくない。事実、アリスは次の可能性を見つけるために、どんどんエスターの練習の時間を増やしていたからだ。

ピアノ教師が生徒たちにレッスンをするうえで、最も大事なのは何かとたずねられると、アリスは答える。

「教えることを愛すること」

そしてアリスは、バッハの話をするのだ。なぜ、あのようにたくさんのすばらしい曲を作ることができたのかとたずねられたバッハは、答えたそうだ。

「仕事を熱心にしたからです……わたしのように一生懸命仕事をしたら、だれだって成功できます」

それに続けて、アリスは言うのだ。

「この言葉は、どんなことを教える教師にとっても至言です。とことん仕事を愛すること、練習を愛すること、ぴかぴかになるまで台所を磨き上げるのを愛すること、そういうことを教えなさい。よりよいものにすることを好きになり、学ぶ過程を愛すること。仕事は楽しいものだと学ぶことが大切です。仕事によってすばらしいものが得られるし、仕事そのものがすばらしいものだからです。仕事の結果得られるごほうびがあるからだけではありません」

〝仕事を愛すること〟これはアリスの人生の指針だった。短いパッセージでも、なめらかに弾けるようになるまで、何百回、何千回も徹底的にさらうこと、それを伝えたかったのだ。

「新しい曲を勉強するときは時間がかかります。少しずつ、ときには何ヵ月もかけて、さらいます。それが自分の体の一部だと思えるくらいになれば、マスターしたと言えるのです」

アリスは、テクニックを自由に使えるようになるまであらゆる練習を重ねると言った。

「それが、楽譜を見てすらすら弾けるこつなのです。目で音符を見ると、指がその通りに動きます。音階練習や、ありとあらゆる音符のつながりを練習しているので、頭に指がついてくるのですよ。習っている曲が好きになれば、幸せな気持ちが増します。それはつまり、成功のチャンスが大きくなるということです」

ピアノの生徒にアリスが教えたことは、練習を好きになることだけではなかった。音楽以上のものも、たくさん教えた。

「ささいな仕事も楽しんでおやりなさい。人生の途上で大きなチャレンジに出会ったときに、それを克服する助けになりますからね」

アリスは頭をのけぞらせて、カラカラと笑う。少なくとも百年間はさらってきた難しい箇所がとうとう弾けるようになったときのような笑い声で。

間奏曲

六号室の女性

ロンドンのベルサイズ地区にある並木道はとても静かだ。アパートメントの気さくな経営者、ロビン・トムリンソンが、毛の短い犬を連れて朝の散歩をしている。だれかに会うと、必ずといっていいほど、あの音楽はどこから聞こえて来るのですか、と聞かれる。

「ああ、あれですか。一階に住んでいる女性が弾いているのですよ。一日中、弾いています」ロビンは、素朴なアイルランドなまりのある声で答える。

アパートメントの住人たちは、かくしゃくとしたアリスを、ピアニストだと知っている。みんな、アリスの練習時間に時計を合わせているし、廊下でアリスに出くわすのを楽しみにしている。アリスがすべてを暗譜で弾いているのは知っているのだが、アリスが自分たちの子どもや孫やペットの名前までちゃんと覚えているのにびっくりし、すごく喜ぶ。また、アリスは最近の国際政治に関してもくわしいので、何か世界で問題がおきると、みんなは「アリスはどう思うかな?」と言い合うのだ。アリスなら必ず何かしらの意見を持っているからである。このアパートメントへよくやってくる人びとでも、アリスという女性がここに住んでいるのを知っているくらい、アリスは有名だ。

ロビンは、自分のアパートメントの住人のために働くのが好きだ。

「すばらしい人たちが住んでいるアパートメントを経営するのは、お金を稼ぐ以上に意義があると思うよ。ここの人たちはまるでわたしの家族のようだからね。その人たちとその住まいにわたしは責任がある。みんなを幸せにするのがわたしの務めだ。みんなが幸せならば、わたしも枕を高くして眠れるんだ」

この五階建てのアパートメントの最上階に、ロビンは妻と暮らしている。屋上に花の咲き乱れる庭園を作り、そこに住人たちがやってきては楽しんでいる。つい最近まで、アリスはよくここへやってきたものだ。四季折々の花を眺めたり、ぽかぽか暖かい日ならば、ひなたぼっこをする。ハチドリがせっせと蜜を吸っているのを見にきたりする。ロビンはアリスをからかって言った。

「このちび鳥たちは、あなたのピアノの音楽のお礼に、こんな姿を見せてくれてるんだね」

アリスは日暮れにここでゆっくりする。風のない夕方は、花の香りがことさら強く感じられるものだ。昔、エルサレムの家のバルコニーで、古代から変わらぬ景色を眺めていたことを思い出す。このロンドンの屋上庭園には、ジャスミン、百合、バラの香りがかぐわしく漂っている。アリスは塀にからまる赤いつるバラがとても好きだ。ときどきロビンはいくつか摘んで、アリスに渡す。ピアノの上に飾れるように。しかし、もはやアリスはここへは来なくなった。階段をのぼるのがつらくなったからだ。

アパートメントの住人たちのほとんどは、ピアノを弾くアリスを驚嘆の目で見ていた。ここまで芸術に没頭し続けていることに驚いていた。いつだったか、ちょっとした事故でアリスが入院したとき、ロビンが見舞いに行き、アリスに、すぐに退院しないなら、ピアノを病院へ送りつけるとふざけて言ったことがある。するとアリスは即座に応じた。

「今日、送ってください。練習しなくては」

アリスの友であり隣人のヴァレリー・ルーベンによれば、アリスのピアノの音が途絶えたのは、息子が亡くなった時だけだったという。

「アリスの音楽が消えたので、わたしたちは、アリスの命まで消えるのではないかと心配したものです」

　だが、数週間後、アリスのピアノが響きはじめた。みんな、ほっとして喜びあった。最初は、ほんの数分弾いただけで、蓋を閉めてしまったが、やがてバッハのプレリュードやフーガを演奏するくらいに回復し、アパートメントの住人たちはアリスの音楽が戻ってきたのを喜び、ひとり、またひとりとアリスにお礼を言いにやってきた。息子のお悔やみを言われなくても、アリスにはみんなの気持ちがよくわかった。


　アリスがここへ引っ越してきてから何年かたったときのこと、ある朝早く、新しい住人のひとりがいきなりロビンの部屋のドアをノックした。その女性は一枚の紙を渡し、せかせかと言った。

「これにサインしてください。ここに住む人たちの健康のためです。夜昼となく響くピアノの音を止めないと」

　ロビンは女性を招き入れ、庭園で話しましょうと言った。屋上へあがりながら、ロビンはその紙にタイプされた文字を読んだ。屋上へ出ると、ロビンは女性を椅子に案内した。

「さあ、お座りください」

女性を座らせ、背の高いロビンは立ったまま、威圧的に彼女を見下ろす態勢をとった。彼女が持ってきた紙は、アリスにピアノをやめさせよという請願書で、それにロビンがサインをし、住人全部に配布してほしいというのだ。

かんかんになったロビンは、ゆっくり深く息を吸い込み、おもむろに口を開いた。

「言語道断！」そう言って、彼は請願書をびりびりとふたつに裂いた。「アリスがだれだか知っているのですか？あなたには人の心があるのですか？どんなことがあっても、アリスにピアノを弾くのをやめろなどとは言えません。あの人に、自分の部屋でピアノを弾くなと言うのは、死刑を言い渡すようなものです。ありえないことだ！」彼は声を荒らげた。「わざわざこんな請願書を作ってきても、みんなに配るつもりはありません。このアパートの人たちはアリスを愛しています。彼女のピアノを楽しんでいます。このあたりのひとたちはみんな、アリスのピアノが大好きなのです」

何年もたったのち、アリスはこのことを知り、ロビンにはどれほど感謝しても足りないと思った。なんと〝すばらしい友人〟なのだろうか。このアパートをどう思うかとたずねられるとアリスは必ず答える。「最高です」そう何度も言い、さらにこう言うのだ。「ここの人たちはほんとうにすばらしい。わたしは幸せ者です」

ニューヨークからやってくるピアニストたちに会うたびにアリスが最初にたずねる質問がある。

「あなたのお隣さんはどんな方たちですか？　家でピアノを練習しても大丈夫ですか？」

第15楽章　友だちの輪

「わたしはすぐに友だちを作れるんですよ」とアリスは言った。「相手を好きになれば、相手も好きになってくれます」

〝友だち〟という親しみのこもった言葉を、アリスはとても大事に使う。二十世紀を生きたチェコの人びとにとって、〝友だち〟という言葉は何より崇高な意味を持つものだからだ。ナチや共産主義の時代には、友情が試され、その結果、監獄送りになるか、自由を得るか、ひいては、生と死を分けるほどの違いがあった。友情とは、お互いが理解しあい、お互いの理想を分かち合うだけでなく、根底に口には出さない信頼感があることだ。アリスは人間同士の深いつながりの価値を知りすぎるほどわかっていた。過去の思い出を分かちあった人たちと強い絆を持っていたからだ。人に対するアリスの優しさ、ほほえみ、問いかけるようなまなざしが、相手を暖かく迎え入れる。人びとは磁石に吸い寄せられるようにアリスのまわりに集まってくるのだ。生きていることを楽しむその姿が、そばに来る人びとにも伝染する。
アリスは友だち作りの天才なのだ。

アニタ・ラスカー＝ヴァルフィッシュ

ピアニストで、王立音楽院教授のペーター・ヴァルフィッシュは、アリスがロンドンに住むようになってからアリスのもとへちょくちょくやって来るようになった。戦争前に、ドイツからパレスティナへ避難していたので、アリスとは共通の友人や話題が大変多かった。チェリストでのちに作家となった妻アニタ・ラスカー＝ヴァルフィッシュは、イギリス室内管弦楽団の創立者のひとりだった。

アニタがロンドンへやってきたのは、イギリス軍がベルゲン・ベルゼンを解放したあとの一九四六年だった。アニタは収容所で両親を亡くしていた。のちに、その思い出を『真実を受け継いで』という作品に著すことになる。両親のドイツからの逃避行と、自分自身のアウシュビッツでの経験を語ったものだ。

アリスとアニタをつなぐ最たるものは音楽だった。だが、境遇が似ているので、結びつきはいっそう深くなった。アニタも夫も、音楽を愛する町、ブレスラウの出身だった。アリスは、このドイツ東端の中世からある町で、何度もコンサートをして、成功を収めてきたので、ブレスラウのことはよく知っていた。アリスと同様に、ラスカー家の人びとも音楽愛好家だった。アニタの母イディスは、美人のヴァイオリニストであり、三人の子どももみんなが音楽を勉強していた。アニタの姉マリアンヌは、戦争勃発の直前にイギリスへたどりついたが、妹レナータとアニタはゲシュタポに捕まって、ともにアウシュビッツへ送られたのだった。

ヘルツ家でもそうだったように、ラスカー家でもほとんど毎週のように、室内楽の夕べを催していた。また、土曜日の午後には、コーヒーとケーキを囲んで、文学談義をしていた。収容所へ送られるまえの数ヵ月間は、恐怖と絶望にさいなまれていたが、アニタの父、アルフォンス・ラスカー博士は、声に出してヴェルディのオペラ〈ドン・カルロ〉の台本を読み続け、そのあとは、ゲーテの『ファウスト』を読み始めていた。一九四一年、ロンドンにいる娘マリアンヌにあてた手紙に、母はこう書いた。

「昔は、何もかもがなんとすばらしかったことでしょう。信じられない思いです。どんなことがあろうとも、わたしたち五人家族は、いつかまた、こんなふうに、みんなでテーブルを囲んで素敵な夕べを過ごしましょうね」

戦争の話になると、アニタは言った。

「チェロが文字通りわたしの命の恩人でした。アウシュビッツに囚人たちが送られてくるとまず、入所の儀式のようなものがあります。頭を丸刈りにされ、腕にはＩＤ番号が入れ墨されます。この仕事は、女性の囚人たちが行ないました。アウシュビッツに送られた者は、ガス室行きが当たり前だったので、わたしもいずれはそうなるだろうと思っていました。ところが、囚人のだれかがわたしにたずねたのです。

『仕事は何をしていたんですか？』

わたしは思わず答えました。

『チェロ弾きです』

とんでもない答えをしたものです。わたしはまだ十七歳になったばかりで、学生ですから、職業など持っていなかったからです。すると、その四人はため息をついて、言いました。

『あなたはラッキーです。殺されずにすむ』

そのとき、アウシュビッツ・ビルケナウ女性オーケーストラでは、チェロ弾きを捜していたのだった。

早速、アニタは指揮者のオーディションを受けることになった。指揮者はウィーンの著名なヴァイオリニスト、アルマ・ロゼで、グスタフ・マーラーの姪だった。実はアニタはかれこれ一年以上もチェロに触っていなかったのだが、チェリストとして迎えられた。オーケストラのたったひとりのチェリストとして。女性ばかりのオーケストラと言っても、楽器が揃った普通のオーケストラではない。ロゼは、集まった楽器で演奏できる曲をアレンジした。ヴァイオリン、リコーダー、マンドリン、ギター、アコーディオン、ベース、フルート、そしてチェロ。演奏者の技術もまちまちだった。しかし、ロゼは〝オケのガールたち〟を徹底的に鍛え上げ、どんな曲も音楽的にすばらしく演奏できるようにしようとした。彼女たちは、朝早く、収容所の門で、仕事に出かける大勢の囚人たちのために演奏した。夜になって塀の中に戻ってくる頃には、また演奏して迎えた。雨や雪の中でマーチを演奏し、ナチのイベントがあるときには、ワルツやそのときどきに合った音楽を演奏した。アニタは言う。

「ナチの好みに合わせて、整然と規律正しくね」

オーケストラで弾くようになってしばらくたったある日のこと、悪名高きナチの医師、ヨーゼフ・メンゲレがアニタのいる宿舎へやってきた。シューマンの〈トロイメライ〉を弾いてほしいと言う。アニタはチェロをかまえ、その曲を弾き始めた。

アウシュビッツでチフスがはやり、アニタも感染し、病棟に送られたことがある。高熱でうなされているときに、ゲシュタポの声がした。すぐに〝ガス室〟へ送られる者を選んでいるのだ。兵士たちがアニタを連れ去ろうとしたとき、ひとりの将校が叫んだ。

「待て。そいつはやめろ。チェリストだ」

その瞬間、アニタは自分の存在が認められているのをしかと感じた。もはや名前はなく、番号だけになっていたにしても。

ロンドンで、アニタはオーケストラで忙しかったし、子どもや孫たちが音楽家として活躍するようになり、それも忙しさに拍車をかけた。孫のベンジャミン・ヴァルフィッシュは、著名な指揮者、作曲家だった。アリスのひとり息子の名前をもらったアニタの息子は、国際的に知られるチェリストになった。アリスはよくアニタの家を訪れて、アニタの幼い孫たちの世話を手伝ったものだ。ふたりは、アニタの庭で、コーヒーとケーキを楽しみながら、音楽の話や思い出話にふけった。ふたりだけで初夏の午後を過ごすのは、アリスにとって大きな楽しみだった。オレンジに似た木の白い花が涼やかな風に揺れていた。ラフィが亡くなったあと、アニタは車で、土曜の午後にアリスのところへちょくちょく来るようになった。前のようにはおしゃべりはしなかったし、思い出話もしなかったが、英語の単語作りゲームをした。アニタと過ごす午後を、アリスはいつも待ちわびていた。

ジェナヴィエーヴ・テュリエ＝ゾマー

アリスは心から言うのだ。

「ジェナヴィエーヴは、ほんとうにすばらしい嫁です」

それをさらに強調して、「世界一です！」と付け加える。

それに答えて、ジェナヴィエーヴは言う。

「あなたは世界一の姑です！」

ふたりを知る人はみな、どちらもその通りだと言うのだった。ラフィの死後、十年以上にわたり、ジェナヴィエーヴはアリスに献身的に尽くした。姑の自立を何よりも重要視して、それが守られるように全面的に協力した。だから、だれかにアリスの好みや希望をたずねられると、ジェナヴィエーヴはアリスに敬意を表して言うのだ。

「まず、アリスにきいてみてくださいな」

毎日の練習と、ウィークデイはパリのエコール・ノルマル音楽院でチェロを教えるというスケジュールにもかかわらず、週末になると、ジェナヴィエーヴは時間を作ってロンドンへ飛び、アリスを訪れた。当時、土曜日は、ジェナヴィエーヴはロンドンのギルドホール・ジュニア音楽院で教えていた。他の用事が入ったとき、たとえば、夫と共に始めたジェックスの夏の音楽祭の運営や、音楽院の試験監督などでアリスのところへ行かれないことがあっても、ジェナヴィエーヴは必ずアリスに電話をするようにしていた。ロンドンにいるときは、自分が雇っているパートタイムのハウスキーパーをアリスのアパートメントに連れていき、徹底的に掃除してもらった。アリスはそれを非常に喜んだ。

ウェンディ

九十一歳のウェンディ、一風変わったイギリス女性のウェンディ――実はだれも名字を知らない――は、心の優しい人だ。みんな、それを知っていた。だが、独身なのか、離婚しているのか、未亡人なのか、また、金持ちなのか、困窮しているのか、だれも何も知らない。会話から受ける印象は、ウェンディの想像から生まれたように詩的な人物に見えたが、実際のところは、世話好きで、ときには人の命まで助ける女性だった。体格がよく、上背があり、ところどころに白髪が交じった長い褐色の髪を揺らせながら、どんな悪天候でも、自転車でロンドンじゅうを乗り回していた。詩を書いては、誕生日を迎えた人にそれを読んできかせに行くのだった。聞いてもらえればの話だが。

長年、ウェンディはこの近辺の書店に出入りしていたが、毎朝、アリスのアパートメントのそばを通ると、同じ時間に必ず聞こえてくる音楽に気づくようになった。あれはいったいなんだろうと興味をかき立てられた。ウェンディは、そのアパートメントから人が出てくるたびに、あのピアノを弾いているのはだれかとたずねてみた。そしてわかったのは、あのピアノは、イギリスではなく大陸から来た、年配の女性が弾いているということだった。ある日、ウェンディはピアノの音が消えるまで待っていた。やがて、入り口からひとりの小柄な女性が出てきたので、ウェンディは声をかけた。

「あのう、もしかして、ゾマーさんですか？」

だれに対しても愛想のいいアリスは、ウェンディを午後のお茶に誘った。こうして最初の出会いがあってからというもの、ウェンディは毎日のようにアリスのところへやってくるようになった。まるで、医者の回診のように、ほんの五分くらいアリスのところへ立ち寄っては、何か用がないかとたずねた。たとえば、七月初めのある日のことだ。ウェンディがアパートメントにやってきた。イギリス風に言えば、〝ぶらっと立ち寄った〟。肩吊りのないオレンジ色のトップに、明るい色の、揺れるようなロングスカート姿だった。ウェンディは毎日、何人かの老齢の友人を訪問することにしていて、アリスのところへは午後五時に行くことになっていた。たまたまアリスを訪ねてきていた人たちがいたので、アリスは「詩人のウェンディです」と紹介した。そしてウェンディに、何かひとつ長い詩を暗唱するようにすすめたのだった。

アリスがまだ！百四歳だったときのことだ。日課の長い散歩をしていたときに転んで怪我をし、そのために何週間か、入院した。アリスが転んだその日、ウェンディが夕方の訪問にやってきて、アリスがひとりで、何もできずに部屋にいるのを見て驚いてしまった。だれの助けも借りずにその晩を過ごさせるわけにはいかない。ウェンディはとっさにそう思った。たった一間しかないため、寝る場所がない。ウェンディはアリスのそばにソファを置き、そこで一夜を過ごした。その晩、さらにそれから二週間、毎晩そうしたのだった。

二〇一〇年の初秋、アリスの百七歳の誕生日の数週間前、いつものようにアリスのアパートメントを訪ねたウェンディは、アリスが床の上で動けなくなっているのを発見した。即座にウェンディは救急車を呼び、病院へ搬送してもらった。アリスは軽い脳震盪をおこしていたが、数日間治療を受けて、退院した。それ以来、ウェンディはアリスをいっそう頻繁に訪問するようになった。一日に二度もだ。しかしながら、それでもウェンディが何者かはミステリーのままだった。アリスはウェンディがどこに住んでいるか知らないし、電話番号さえ知らないのだ。

イディス・シュタイナー＝クラウス

ウェンディはアリスにとって謎の人物だったが、イディス・シュタイナー＝クラウスはその逆だった。アリスとイディスは七十年以上の知り合いだった。プラハで戦争前からの知り合いというだけでなく、ふたりともテレジエンシュタットからの生還者であり、のちにイスラエルへ移住していた。アリスは、まだイスラエルに住んでいるイディスと定期的に電話で連絡をとりあっている。お互いの誕生日に電話することは決して忘れなかった。イディスを通じて、アリスはイスラエルの政情や、平和への道程を知ることができた。

チェコ人の両親のもとでウィーンで生まれたイディスは、アリスより十歳若い。六歳のとき家族で、ドイツ語ではカールスバートとして知られるカルロヴィ・ヴァリへ移った。ボヘミアの有名な温泉地の小さな町だ。ピアノを習い始めてまもなく、イディスは才能を認められ、著名な人びとの前で演奏するようになった。マーラーの妻アルマは、彼女のピアノを聞いてその魅力に惹かれ、友人のピアニスト、アルトゥール・シュナーベルに紹介した。まだほんの少女だったイディスを見て、シュナーベルは最初は驚いたが、オーディションをした結果、ベルリンのマスタークラスの最年少生徒として受け入れることにしたのだった。

アリスと同様、イディスもまた、プラハやその周辺地域でめざましいキャリアを築いた。だが、戦争が始まってしまった。アリスは、きれいな若いすらりとした女性が、スメタナの舞曲を演奏するのを初めて聞いたときのことを今もよく覚えている。

「実にすばらしいピアニストでしたよ」アリスは感動をこめて言う。

イディスは夫とともにテレジエンシュタットへ送られてからも、一日一時間はピアノをさらい、できるだけ演奏する機会を持つようにした。ヴィクトル・ウルマンは、テレジエンシュタットで作曲した六曲のピアノ・ソナタの第一番を演奏してほしいとイディスに頼んだ。のちにイスラエルへ移って、演奏家として再び活躍するようになったイディスは、ウルマンの曲の演奏の専門家となり、全八曲あるピアノ・ソナタをよく演奏したものだ。

一九四六年、イディスは二人目の夫と幼い娘とともに、パレスティナへ移住した。ネクタイ工場で働いたあと、テルアビブの音楽院でピアノ教授の職を得ることができた。そして、生活が落ち着いたので、一九四九年にアリスがやってきたときにはいろいろ手助けをしてやれたのだった。ふたりは再び親しくつきあい始め、ともに音楽を楽しむようになった。アリスがイスラエルからイギリスへ移るまえに、イディスは脳卒中に襲われ、ピアノが弾けなくなってしまった。しかし、視力が落ちてきてもしばらくの間は講義を続けた。現在、彼女はほとんど目が見えない。

ふたりとも、音楽との深い、強い絆を生涯持ち続けている。そして、ふたりとも、独りでいることの意味をよくわかっている。独りでいることは、さびしいことではないのだ。静かな環境は、耳をすますのに不可欠な条件だ。独りでいることで、人は魂の奥底から、深い洞察や思い出を引き出すことができる。それは、見えるものや言葉で表わせるもの以上のものだ。静けさの中にいてこそ、芸術家は最も創造的な仕事ができる。芸術家として生きるアリスもイディスも、世界は寂しい場所になりうるものだとわかっている。しかし、だれかがいさえすれば――たったひとりでも――思い出や、思想や、考え方を一緒にわかちあえる人がいさえすれば、そのさびしさは消せるのだ。アリスにとって、イディスはそういう貴重な人のひとりだった。

ヴァレリー・ルーベン

「イギリス人はあまり詮索しないのです」とアリスは言う。「礼儀正しくて、根掘り葉掘りききいたりしません。みんな、ヴァレリーはイギリス人だと言っていました。完璧な英語をしゃべるからです」

ところがある日、アリスがヴァレリーに生まれはどこかときいたところ、彼女は、祖先はルーマニアとポーランドの出だが、両親はイギリス生まれなので、ヒトラーの魔の手から逃れることができたのだと答えた。

ほっそりした姿、エレガントな服装に、おしゃれな髪型、年齢は定かではないこの女性、ヴァレリー・ルーベンは、アリスのアパートメントの住人会のリーダー格だった。アリスがロンドンへ来てからというもの、何やかやと世話を焼いて見守ってくれていた。ヴァレリーは、アリスに成人大学を紹介し、それがアリスの生活を大きく変えたのである。ふたりは一緒に大学へ通い、家に帰ってからも、語りつづけるようになった。

「アリスのような人に会ったのは初めてです」と、ヴァレリーは語る。「性格がとてもはっきりしていて、どんどん先へ進むタイプです。わたしは何か少しでも助けになりたいと思っているのですが、類まれなる存在の彼女のそばにいるだけで、こちらの得るものがなんと多いことか」さらにヴァレリーは、アリスの茶目っ気によく驚かされることがあると付け加えた。「あるとき、休暇で出かけようとしたくをしていたら、アリスがやってきて、わたしが持っていく服を見たがり、一枚一枚についてあれこれコメントを言いました。今、アリスは百歳を越えています。だから、前にも増して彼女のことが気になるし、見守ってあげたいと思っています。彼女の知り合いであることは、ただうれしいだけでなく、特権なのです」

ズデンカ・ファントローヴァ

アリスはズデンカ・ファントローヴァのことをこう語る。

「彼女はわたしの日曜日の良き友です。毎週日曜にやってきて、一緒に午後を過ごしてくれるからです」

アリスより若い九十歳のズデンカは、まだ美しい中年のようにすら見えるチェコの女性だ。毎週、ロンドンのくねくねした狭い道をすいすい運転して、ハイドパークに面した自分のアパートメントから、ハムステッドのアリスのアパートメントまでやってくる。

ズデンカは、アリスのロンドンにいるチェコ人の知り合いのうち、いちばんの仲良しだ。プラハから少し離れたところにある小都市で生まれたズデンカも、収容所の生き残りだった。運と若さと健康に恵まれて、ズデンカはテレジエンシュタット、アウシュビッツ、グロス・ローゼン、マウトハウゼン、ベルゲン・ベルゼンから生還したのだった。のちにズデンカは、ナチ時代の自分の暮らしを、『ブリキの指輪』という回想記に著した†。

テレジエンシュタットにいたとき、ズデンカはアリスがコンサートでショパンのエチュード全曲を弾いたのを聴き、音楽の力によって、時と空間を飛び越える感覚を味わった。

「コンサートの間は、自分がごく普通の状態にいて、すぐにも前の生活に戻れる気持ちになっていました。それだけで、ほんとうに幸せでした。わたしはまだ十代だったので、とてもゾマー先生のような方のそばに行く勇気はありませんでした」

「戦争が終わって、スウェーデンで体の回復を待っていた頃のことです。わたしは新聞で、アリスがストックホルムでコンサートをするのを知りました。何がなんでも行かなくてはなりませんよね。アリスはベートーヴェンのソナタ〈熱情〉から弾き始めました。再び、わたしはアリスの音の魔術に魅了され、会いたいと熱望しました」

コンサートのあと、ズデンカはしばらくの間、熱狂した人びとの中にいたが、結局、偉大なるアリスのそばへ行く勇気が出なかった。それから四十年がたち、ズデンカはオーストラリアで有名な女優になり、結婚し、娘も授かった。そして一九八〇年代にやっとアリスに面会することができたのだった。

　ズデンカと夫はロンドンで暮らすことにし、ウェストエンドの広々したアパートメントへ引っ越してきた。大陸を離れるのは寂しく、過去の思い出がある地のそばに身を置きたいと思ってはいた。だが、長年、英語を使う国で暮らしていたため、イギリスで暮らすほうが楽になっていた。大陸からは飛行機でほんのひと飛び、または夜行列車で行かれる距離だ。というわけで、ついにズデンカはアリスを知っている知り合いのチェコ人の手引きで、アリスがロンドンへ移ってきてすぐのある日の午後、アリスの家を訪問した。アリスはズデンカのために、ショパンのワルツを奏でてくれた。ズデンカはそのピアノに感動し、思い出が溢れ出てきた。

　やがてアリスは、ズデンカにピアノのレッスンをしてくれることになった。百歳に手が届こうというのに、毎週、地下鉄でズデンカのアパートメントへやってきた。ズデンカが車を出すと言っても断った。地下鉄のほうがおもしろいと言うのだった。レッスンになると、アリスはズデンカに、プロを目指す生徒たちにしたような、高度な要求と指導をした。しかし、レッスンの最後は必ずチェコ風に、コーヒーとプチケーキとケシの実入りのシュトルーデル（薄い生地にケシの実を入れて焼いたお菓子）の時間になるのだった。ときどき、特に夏は、野生のベリーがたくさん実をつけるので、ズデンカは、アリスの大好物のパラチンケを用意した。それは、ウエハースのように薄い、小さなパンケーキで、上にストロベリーとホイップクリームが載っているお菓子だ。そしてふたりは、読んでいる本の話をしたり、アリスはズデンカに、大学でとっている哲学の講義の話をしたりして、すっかり若かりし頃に戻った気分になるのだった。

ラフィが亡くなったあとは、ズデンカのレッスンもなくなってしまったが、コーヒータイムはアリスのアパートメントに場所を移して、続けられた。今でもまだ、毎日曜日、ズデンカはアリスを訪れて、一緒に時を過ごす。ホームメイドのチェコのお菓子を持参し、アリスはお茶を用意する。子どもの頃のように、チェコ語をしゃべり、いろいろなニュースを仕入れるこのひとときを、アリスはおおいに楽しんでいる。アリスはズデンカの父親のアルノシュ・ファントルについて話をききたがり、すばらしい生活の知恵が書かれた彼のノートなどを読むのが好きだ。彼の意見のほぼすべてにアリスはうなずく。だが、中でもいちばん好きな言葉はこうだ。

「人生は、何もかもほどほどがよい。必要なものだけと、さらにほんの少しだけを持つ、というのがよい。死ぬときに持っていかれるものは、あなたが他人に与えたものだけなのだから」

ビジネスマンの彼は、どんなに忙しくとも、子どもたちとの時間を持とうとし、毎晩、七時には夕食をともにした。アリスにとって、ズデンカは家族というものを思い起こさせるよすがなのだ。

＊　＊　＊

もはやアリスは外出をしなくなっているが、アパートメントのロビーを友と歩いて、足腰が弱

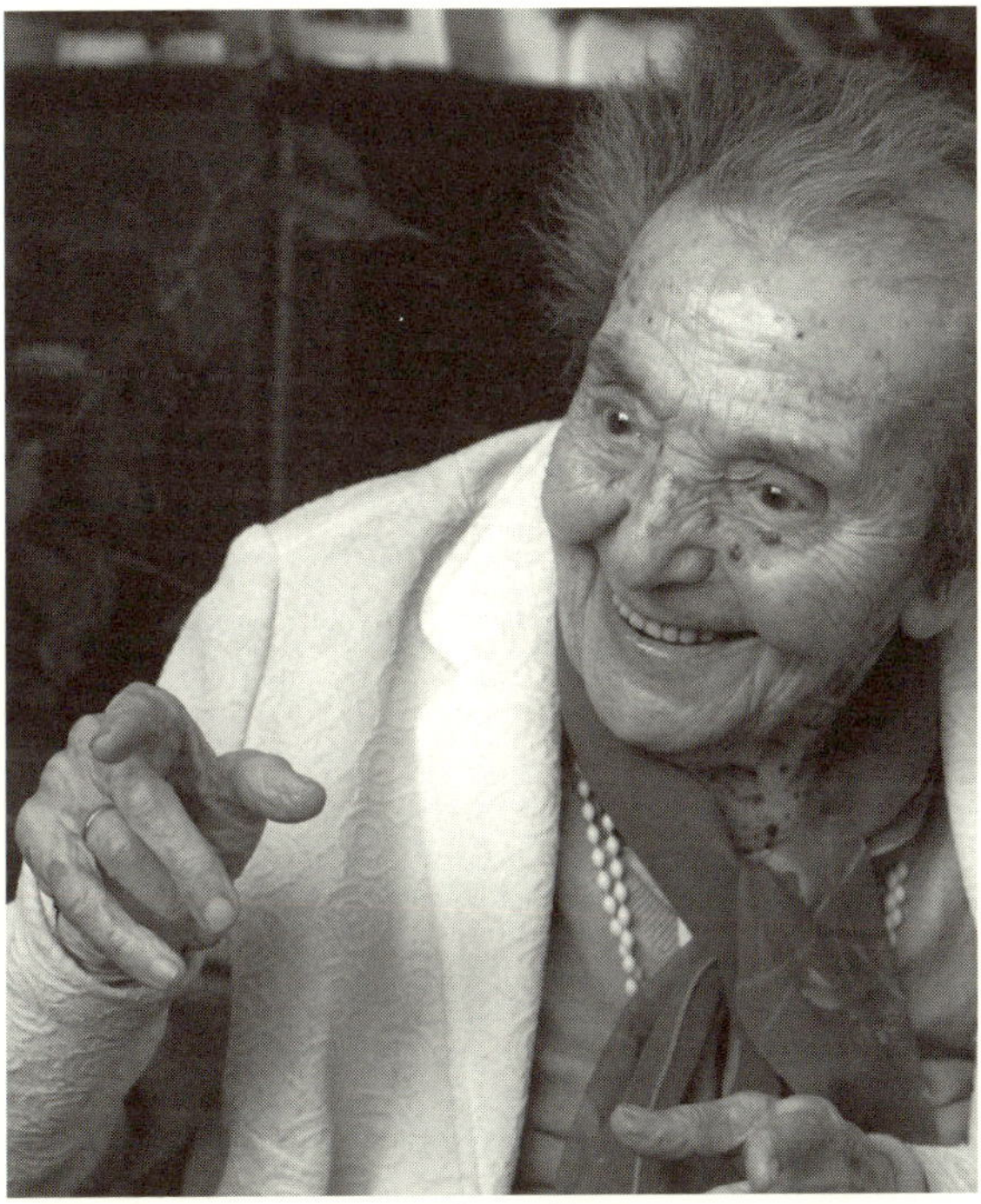

107歳のアリス

らないようにしている。彼女は決して弱音をはかない。

「不平不満をこぼしたって、なんの役にも立ちませんからね。それをきいた人が、いやな思いをするだけです」

これは、長年の経験から学んだことだ。友だちがアリスと別れるときに、なんだかリフレッシュして、元気が出たような気分になるのもうなずける。

アニタ、ジェナヴィエーヴ、ウェンディ、イディス、ヴァレリー、そしてズデンカは、アリスにとってもうひとつの家族であり、保護者だった。用があればすぐに手をさしのべ、アリスを見守り、アリスがいちばん慣れていて、かつ望んでいる独立した暮らしをサポートしてやった。だが、与えているばかりではない。だれもが口を揃えて言うのは、アリスがかわりに自分たちに与えてくれたものの大きさだ。みんなが良い刺激を受け、アリスの〝人生は楽しい〟哲学に触れて、元気をもらっている。

よい友だちに恵まれたアリスは、さまざまな形における人と人とのつながりこそが、人を人たらしめるものだと確信しているのだ。

コーダ　アリスの現在

よく働き、それに満足する者の人生はすばらしい。

（旧約聖書の「伝道の書」より）


この二、三年、アリスは電話の最後にいつもこう言ったものだ。

「早くロンドンへ来てね」

そして、チェコなまりの声で、ちょっとユーモラスに付け加えた。

「でも、わたしがまだ生きているかどうか、わかりませんよ」

二〇一〇年の感謝祭の日、毎年、感謝祭に必ず食べる七面鳥とジャガイモを、あわててオーブンに入れてから、出かけるしたくをし、わたし（筆者）は空港へ向かった。大好きな休暇を娘と過ごすことにしていたが、その約束をすっぽかしたのは、初めてだった。スーツケースのパッキングがおわった頃、家族や友人たちがぞくぞくとやってきた。わたしは、肉に肉汁をかけるようにと念を押してから、大あわてで飛び出し、午後発のロンドン行きに間に合ったのだった。翌朝六時十五分着だった。十一月二十六日、それはアリスの百七歳の誕生日だった。

＊　＊　＊

誕生日の早朝、アリスは琥珀色の秋の日を浴びて、目が覚めた。ロンドンの空は、この季節にしては珍しく、青さが目にしみるようだった。カフカのひんやりした青い目と、彼がどんなことにも明るい面を見ようとする生き方をアリスは思い出した。八時半、アリスはいつもより早く起きだして、バッハのインヴェンションを弾き出した。一時間後、弾く手をとめ、きっとやってくるにちがいないお客たちのために、したくを始めた。誕生祝いをする予定などなかったし、招待状を出していたわけでもなかった。ケーキだって注文していない。だが、アリスは知っていたのだ。友だち、知り合い、親戚、初めての人たち、とにかく大勢の人たちがやってくるのはわかっていた。出せるものといったら、早めの誕生日祝いにもらったチョコレートが二箱だけだったが、それをいくつかの大皿に並べた。自分の座る椅子の前についているトレイ・テーブルにその皿をひとつ置くと、アリスは色鮮やかなスカーフをふわりと肩にかけ、小さな象牙玉のネックレスをつけた。そして、玄関のドアをあけ放しておき、やってくる人びとを待つことにした。

最初に現れたのは、年上の孫のダヴィドだった。にこやかな顔が、今日という日にぴったりだった。ダヴィドはすぐにもオフィスへ行かなくてはならなかったが、アリスはほんの数分でも、彼に会えて喜んだ。ふたりは部屋の奥と玄関からキスを投げあった。アリスの友人のソニア・ロベットが、アリスの許可を得て、この特別な日の記録を取るためにカメラを設置しておいたのだが、そのソニアがやってきて、父親からのお祝いを持ってきてくれた。彼は、有名なアマデウス弦楽四重奏団のチェリストで、ロンドンで初めてアリスに会ったのだが、その父親もまたチェリストで、イスラエルにいたときのアリスの親しい友人だった。

午前十時頃、ズデンカが年下の男性と腕を組んで、さっそうと現れた。アリスが見たこともないような茎の長い赤バラの花束をかかえている。アリスが造花だと思ったくらい、大きなバラだ。アリスはすぐにそのバラの話をしはじめ、それがどこに植わっているのか知りたがった。また、ズデンカが連れてきた、オーストラリアから来ているトマス・シュレッカーにも興味津々になった。彼は、一九三八年に行なわれたウィントン子ども救援事業によって、プラハからイギリスに里子に出されたユダヤ人のひとりだったのだ。

ひとり、またひとりと、アリスの友人、知人がやってきて、狭いアパートメントがいっぱいになってきた。ズデンカがそそくさと帰っていくと、今度は、映画監督のクリストファー・ニューペンとその妻が、ふたりの若いピアニストを伴ってやってきた。ふたりとも、王立音楽院の留学生だ。アリスの小さな部屋はいよいよ満杯になった。世界じゅうから、お祝いの電話がかかるた

アリス。107歳の誕生日に。

びに会話がさえぎられた。アリスはまず「ハロー」と英語で電話に出るが、相手の声がわかったとたんに、笑顔がこぼれ、その相手のしゃべっている言葉でしゃべりだす。午前中は、学生たちとアリスのピアノのデュエットで終わった。そのピアノは調律がほんの少し狂っていたけれど。こうしてみんなに祝福されたアリスは、ひとまずさよならを言って、宅配された昼食をひとり静かにとり、一休みした。

午後はまた祝い客の第二弾がやってきた。ジェナヴィエーヴがパリから来た。そのあとすぐ、アニタがちらっと立ち寄り、かがまずにすっとはける、かかとのない暖かい靴を贈ってくれた。アリスはスニーカーをはくときに、かがんでひもを結ぶのが大変だったからだ。親しい友との会話は楽しく、おだやかに弾んだ。話題はほとんどが音楽のことだった。半世紀前に多くの人びとがかつての偉大な音楽について感じていたことを、現代の若者たちに伝えることがいかに難しいかという話になったとき、アリスはすぐにカフカの言葉を思い出して言った。

「芸術は、真実のきらめきに魅了されて生まれるものだ†」

実はカフカは音楽については何も知らない人だったが、みんなは、その言葉に強くうなずいた。アリスはほほえみながら、さらに言った。

「でも、カフカはわたしたちの音楽に対する畏敬の気持ちをわかっていました。彼はよく言ったものです。『書くことは祈りだ†』音楽を聴くこと、コンサートで演奏すること、そして、練習することも、祈りなのです」

近くにあるベーカリーでソニアが見つけてきた大きなデコレーションチョコレートケーキは、アリスの好物だった。灯されたたくさんの蠟燭をうまく吹き消したあと、アリスは最初のひと切れを口にした。午後遅くなってから、アリスはさらにやってきた祝いの人たちを迎えた。ホロコーストの生還者の老夫婦が、子どもたちに伴われてやってきて、アリスを祝福した。作曲家の友人や、隣人のヴァレリー・ルーベンもやってきた。部屋が混み合っているので、何人かは外のホールで待っていて、アリスと言葉を交わす順番を待っていた。ジャクリーン・ダンソンは、百キロも離れたハンプシャーの家から、アリスに会いたいという母親のルースを連れて、車をとばしてきた。のちにジャクリーンは、アリスの〝一点の曇りもない優しさ〟は、ほんとうに心温まるものだったと言った。子どもの頃から、ルース・ボロノフ・ダンソンはアリスを知っており、大好きだった。アニタと同様、ルースもブレスラウで育ち、母親のケーテはピアノ教師だった。ルースの父親は今は亡きエルンスト・ボロノフで、著名な歯科医であり、知識人で、当地でアリスのコンサートを何度か主催したことがある。ボロノフは大変な音楽愛好家だったので、アリスの良き友となった。一九三八年のクリスタルナハト（水晶の夜事件）でつかまって、ブーヘンヴァルトの収容所へ送られたが、まもなく釈放された。そこで、ボロノフ医師は家族を連れて、すぐにイギリスへ亡命した。一九三九年三月のことだ。アリスは、一九六〇年代にロンドンを訪れたときに、ボロノフ氏と子どもたちに再会した。

ルースは、一九二七年にブレスラウで開かれたアリスのコンサートに行ったことをはっきり覚えている。ジャクリーンは言う。

「オパ（祖父）が、アリスの練習を聞いているときや、蓄音機やラジオ放送を聞いているときは、その部屋に入るとまるで、シナゴーグ（ユダヤ教の教会）に入ったような気持ちになったものです」

午後四時十五分、チェコのイギリス大使、ミヒャエル・ジャントフスキが、夫人とともに、巨大な花束を持って現れた。ピンクと白のエレガントなアレンジメントだ。大使は正式な堅苦しい挨拶をしようとしたが、アリスが何度もそれをさえぎった。そして、いたずら心を発揮して、いかにもアリスらしくきっぱりと、自分は栄誉を受けることより、遺伝子の働きのほうに興味があると言い出した。すると、大使は音楽用語を使いながら、ふたつの遺伝子が偶然の出会いをして、お互いに作用しあい、結果としてまったく新しいメロディが生まれるのだと言ってから、改めて挨拶の言葉を述べ始めた。

「チェコ共和国の全権大使として、本日はわが政府を代表し……」と言い始めたが、すぐさま、またアリスにさえぎられた。そんなありきたりな説明が気に入らなかったのだ。

「ここにいるみなさんで、遺伝子の働きをちゃんとわかっている人なんていませんよ。わたしと主人が子どもを作ったとき、その子は音楽の遺伝子を持って生まれてきました。だけど、どうやって？　どうやって遺伝子が子に伝わり、また伝わらない場合もあるのはどうしてか、それを知りたいのです」

大使は、アリスの手の甲をさすりながら言った。

「アリスさん、どうか挨拶だけはさせてください。そしたら、チェコの遺伝学者をお宅へ派遣して、質問に答えさせるようにいたします。ですから、今は、賞を贈呈させていただいてもいいですか？」

アリスはあくまで抵抗する姿勢で言った。

「どなたの差し金ですか？」

さすが、いかなる場面でもあわてない外交官は答えた。

「これは、わが政府からあなたへの贈り物です。どうか邪魔をせずに、贈呈させてください。さもないと、わたしはクビになってしまいます」

思わずふたりは笑いだした。ついにアリスは大使に、小さな部屋に立ったままでいる数少ない人びとの前で短い挨拶をすることを許したのだった。

その賞は、チェコ文化省が、チェコの文化を外国に広めることに貢献した人に贈られるチェコ芸術友好賞だった。挨拶の中で、大使は祖母がテレジエンシュタットの収容所にいたこと、従って、収容所のコンサートでアリスの演奏を聴いたことがあるに違いないということを話した。また、自分がイギリスのチェコ大使としてロンドンに赴任する前は、イスラエル大使だったと言った。そして、最後に箱をあけて、美しい真鍮の皿をとりだした。アリスの名前や賞の名称などが刻まれていた。

再び蠟燭に火が灯され、集まった人びとは〈ハッピー・バースデイ〉を歌いだした。チェコ語、ヘブライ語、ドイツ語、英語がまじった、摩訶不思議な合唱になった。興奮の一日だった。そろそろアリスはくたびれてきていた。

ホロコーストの経験は、生き残った個人や家庭それぞれに違った影響を与えていた。エリ・ヴィーゼルは、彼の家族を含むおびただしい数のユダヤ人に対する恐ろしい所業を毎日見て、これこそ完全なる狂気だと考えていた。そして、神に問いかけ、ついに得た結論は、こうだ。

「沈黙の神こそ、神である」†

アリスはヴィーゼルの考えに賛成だ。また、アインシュタインが言った次の言葉にも賛成している。

「存在の調和の中にあらわれるスピノザの神こそが神である。それは人間の運命や行動にいちいちかかわる神ではない」†

自分の最期と自己実現について、アリスは言う。自分も、他の人びとと同じく、宇宙と呼んでいる大いなるもの、永遠なる神のほんの小さな一部にすぎないのだ、と。そして、力をこめて言う。

「わたしは音楽の中で生きてきました。だから、音楽の中で死ぬつもりです」

それが人間アリスの大いなるものへの回帰ということだ。

彼女は過去の出来事は過去として振り返らずにいることができる人だ。それより、今を生きることで力を得ている。一九八九年のビロード革命のあと、チェコスロヴァキアの共産主義政府は倒されて、最初の大統領にヴァーツラフ・ハヴェルが就任し、旅が自由にできるようになった。テレジエンシュタットの元囚人たちは、連絡をとりあって組織を作り、収容所で記念式典を開くことにした。それからというもの、毎年、生き残った者たちがテレジエンシュタットで再会するようになった。古い馬屋の劇場で〈ブルンディバール〉と、ヴェルディの〈レクイエム〉が再演された。だが、アリスは出席しなかった。生まれた国には戻りたくなかったのだ。チェコはまだアリスの市民権を復活させていなかったからである。アリスのパスポートにはイスラエル国籍と載っていたし、イギリスの永住権も得ていた。それがアリスの現在の立ち位置だった。

とはいえ、チェコ文化省から与えられた賞は、アリスにとって大きな意味を持つものだった。〝ありし日の姿〟の美しい思い出をよびおこすよすがになった。もしも母が生きていて、娘がチェコ政府から正式に叙勲を受けたと知ったら、どんなに誇らしく思ったことだろう。

アリスとの付き合いが始まったのは、わたし（筆者）がアリスからどうしてもインスピレーションをもらわなくてはならないと思ったときだった。アリスからいろいろ教えてもらいたいと願っていたからだ。いつもと違い、考えがうまくまとまらず、わたしはスランプに陥っていた。輝く晴れの日も曇って見えた。そのとき、奇跡が起こった。というより、その小さな出来事が奇跡を起こしたと言える。実はわたしは、アリスを描く番組を制作していたところだった。当時の

アリス。2010年

アリスは百三歳。わたしたちは午後ずっと撮影をし、そのあとレストランへ行ったのだが、メニューを見たいのに眼鏡が見つからない。アリスの小さなアパートメントにいたときに頭からずりおちたに違いないと思い、若いアシスタントのショーンに取ってきてほしいと頼んだ。ところが、ショーンはすぐ戻ってきて、見つからなかったという。どこか別の場所で落としたのだろう。

次の日、わたしがインタビューに訪問すると、アリスが玄関で待っていた。満面に笑みを浮かべ、アリスは言った。

「今朝、眼鏡を見つけましたよ」

それを渡してくれながら、アリスは、眼鏡から外れたレンズの片方も見つけたのだと言った。アリスの年老いた目が、わたしや、まして若いアシスタントのショーンの目より鋭かったなんて、とても信じられなかった。そして、これは単に眼鏡の話ではないのだと思った。ものを見る力、そもそも、ものがちゃんと見られるかどうかの問題なのだと思ったのだった。

実は、アリスの眼力のおかげで、わたしは生涯の悩み、つまりひとり娘の病に立ち向かうことができたのだった。わが子の限られた命をしっかり見つめて、受け入れなければならないのはつらかった。だが、アリスのおかげで、わたしは力と慰めを得たのだ。彼女の現実を受け入れる力のすばらしさ、怒りや焦燥にほんの短い間も身を任せることなく、勇気を奮い起こして、他人の意見に頼ることなく、自分自身の本能だけを信じて、希望を持ち続けている。その姿がわたしの心を揺さぶった。そうなのだ、アリスの笑顔がそれを教えてくれた。毎日出会う、その快活な明

る い笑顔。今では、笑いが癒しをもたらすことがわかってきたが、そのずっと前から、アリスは笑いが健康にもたらす効果を知っていた。笑うことで、体は酸素をたくさん取り入れるからである。アリスがほほえんでくれると、わたしも他の多くの人びとも癒された。気分がよくなった。彼女と一緒にいると、人生が平穏に感じられ、思考がくっきりし、満足感を得、生きていることへの感謝の気持ちがわいてくる。

百七歳の誕生祝いの次の日の朝、わたしが立ち寄ったとき、アリスは窓辺にたたずんでいた。そこには小さな植木鉢がいくつか並んでいた。どれも知らない人たちからもらったものだ。外を見つめるアリスの目には、晩秋の紅葉、常緑のツタなど、あたりの自然の色が映っている。アリスも、その自然の一部に溶け込んでいる。

「見て、なんてきれいなこと。自然は美しい」

と、アリスはわたしに言った。そして、スピノザの言葉を引用した。

「われらは自然なり、神は自然なり」

そこでひと息ついて、考えてから言った。

「信じられないけれど、わたしは百七歳になりました。ごらんのように、わたしはひとりでちゃんとやっていて、自分のことは自分で考えています。今朝、目が覚めて、わたしはほんとうに幸せでしたよ」

＊　＊　＊

わたしがこの原稿を書いている今（二〇一一年）、アリス・ヘルツ＝ゾマーはちょうど百八歳の誕生日を迎えた。相変わらず、奇跡としか言いようのないほどの集中力でピアノを弾いている。常に一層の高みを目指してさらっているのだ。訪れた客のひとりが、なぜ同じ曲を何度も練習するのかとたずねた。アリスは腕組みをしてその人をじっと見つめた。

「わたしは芸術家です。いつか、自分で自分のことを褒められる日がくるでしょう。悪くない、と思える日がくるでしょう。ところが、今はさらえばさらうほど、自分がまだ初心者だとわかるのです。たとえ、ベートーヴェンの曲をどんなによく知っていても、もっと深く掘り下げることができる、もっともっと深く知りたいと思ってしまうのです。音楽家であることのごほうびは、同じ曲を何度練習しても、そのたびに新しい発見ができることです。少なくとも百年間は、飽きることはないでしょう。わたしは、学者たちが聖書を何度も読み返して研究しているのと同じ情熱をもって、日々、音楽の言葉を追求しています。芸術家の仕事に終わりはありません。人生も同じです。正しいことに向かってただ進むのみ、です。音楽をやりながら、わたしは人生の意味を探っています。日々、人生を歩いているのです」

シュテファン・ツヴァイクは、二十世紀前半に、人間は過去の不可能を克服してしまったと感嘆していた。空を制し、人間の言葉を無線で伝え、原子を分裂させ、恐ろしい病気の薬も作りだした。彼は書く。

「われわれの時代までに、人間がここまで恐ろしいことをしたことはなかった。神が成すようなことまでしたことはなかった」† さらに彼は書く。「われわれが深い恩義を感じるのは、このような非人間的な時代にあっても、われわれに人間的な潤いをもたらしてくれる人びとである」†

　二十世紀の証人であるアリスは、ツヴァイクが書いた、文化と科学における、奇跡的な発達と業績の時代を生きてきた。文明がもたらす最高の贈り物を享受してきた。音楽と文学と美術とテクノロジーの進化と科学の力、そして、人間を究極の高みに導く哲学。アリスは、西欧社会の知る限り、人間性を最も蹂躙した悪の世界を生き延びてきた。そしてアリスは、自分を取り巻く世界と密接につきあいながら、音楽をたしなみ、カフカが〝決して壊れない〟†と言った〝もの〟を心の奥に保ちながら、芸術の世界に身を浸し、ついに永遠の幸せを勝ち取ったのだ。それこそ、わたしたちすべてにとって、永遠の若さを保つ究極の秘訣ではないだろうか。

アリスの言葉

✿わたしは脳をずっと使ってきたので、こんなに歳をとるまで生きているのです。脳を使うことは、体の最高の薬です。

✿歳をとってこそ、人生の美に気づくことができます。

✿感謝の心は、幸福の鍵です。

✿いかなるときも、たとえ死を迎えたときでさえ、ユーモアのセンスは心を落ち着かせてくれます。

❦不平不満は、なんの役にも立ちません。人を不愉快にさせるだけです。

❦笑いはすばらしい。笑いは、あなたもほかの人も、幸せな気持ちにします。

❦仕事を愛しなさい。仕事が好きならば、退屈することはありません。退屈は不健康です。

❦仕事を愛してやっている人は、ほんの小さなことを成し遂げても、達成感を得ることができます。

❦何よりも寛容が大事。

❦学校は大切です。けれど、子どもが家庭の中で学ぶことは一生ものです。わたしの子ども時代の家庭環境は、美しいもの、知的なもの、音楽的なものに囲まれていて、それが今日までわたしを支えてくれました。

❦学校はほんの始まりにすぎません。人間は一生をかけて学ぶのです。

❦わたしは友情に恵まれました。未来の夫となる人の考え方や知識をすばらしいと思いました。結婚において、友情は恋愛感情よりも大きな要素なのです。

❦常に頭でいろいろ考えているので、疲れを感じません。

❦情報はどんどんとりいれなさい。テクノロジーの進歩はすばらしいです。

❦わたしは希望を持って行動すべしということを学びました。

❦子どもたちが大きくなって、一人前になるためには、無条件の愛情が必要です。子どもたちには、ちゃんと理屈で説明をし、きつい言葉を使ってはいけません。忍耐、思いやり、愛情、これこそが、子どもに必要な栄養です。

❦親切心を持つこと。親切はいくらでもできます。お金もかかりません。そして、その報いはとても大きいのです。

❦バッハを弾くとき、わたしの心は天空を翔けています。

❦わたしの世界は音楽です。音楽は夢。音楽は、天国へあなたを連れていってくれるものです。

❦わたしは世界のどんなお金持ちより裕福です。それは音楽家だからです。

❦子どもは音楽を学ぶべきです。音楽は人生のあらゆる時に役立つものです。音楽の美は、常にわたしの心にあります。

❦若い人たちと一緒にいるとき、いちばん若いのはわたしです。

❦わたしは人が好き。ほかの人たちの人生に興味があります。

❦だれも人の心を盗むことはできません。わたしは、ユダヤ人が高等教育に何より重きをおいていることがすばらしいと思います。子どもの教育は、家族の価値観の中でも、最も重要なものです。

❦他人を理解すること、それが平和への道です。

❦戦争は戦争を生む、それ以外にないと思います。世界の宗教のどれもが、「人を殺してはならぬ」とさとしているにもかかわらず、人は神の名において、人を殺すのです。ヒトラーの短剣にさえ、「神はわれらとともに」と書いてありました。

❦毎日が奇跡です。どんなにつらい状況にあっても、わたしには自分の生き方を選び、喜びを見いだす自由があります。悪は身近にあるものです。善でも、悪でも、それにどう立ち向かっていくかは、わたしたちそれぞれの意志にかかっています。その意志の力を奪うことは、だれにもできません。

❦人生は美しい。友人と一緒に座って、いろいろなことを語り合う。これがすばらしい。

❦わたしたちにモノはたくさん要りません。友だちがいればいい。友だちが大事です。

❦時間は貴重です。過ぎ去った時間は永遠に戻りません。

❦音楽がわたしの命を救ってくれました。音楽は神です。

❦最も暗い時代でも、わたしの楽観主義はわたしを助けてくれました。それは今も変わりません。

❦本を読めば読むほど、考えれば考えるほど、人と話せば話すほど、わたしは自分の幸せをかみしめることができます。

❦死が訪れたら、わたしは安らかないい気持ちになるでしょう。わたしはベストを尽くしました。わたしの人生は、これでよかったのだと信じています。

結びにかえて――〝赦す〟ということ

二〇一四年二月二十三日、アリスは百十歳の誕生日を迎えて三ヵ月後にこの世を去りました。二日前には、ひとり暮らしの小さな部屋で、数時間もピアノを弾いていたのです。その日の夜、アリスの家を訪れた嫁のジェナヴィエーヴは、アリスが苦しそうに息をしているのに気づき、いやがるアリスを病院へ連れていきました。診断は肺炎でした。そして、翌日の日曜日の朝早く、アリスは音楽を聴きながら、天へ旅立っていきました。

百十歳とはいえ、アリスの死は早すぎたようにわたしには思えます。命を敬い、その神秘と偉大さに思いをめぐらせながら生きてきた人だったからです。長寿のアリスが何よりも大事にしてきたのは、〝赦し〟の姿勢でした。〝赦す〟とはどういうことか、それをアリスは今日の人びとに伝えてくれました。

あの九・一一事件のあと、わたしはアリスと何度も話す機会を持ちました。憎悪にまみれた殺りく行為が蔓延し、二十一世紀の地球の存続を脅かしています。わたしたちは、もはや過去の過ちを教訓として学ぶことができないのでしょうか？　個人や社会の暮らしの中で、赦すということができなくなっているのでしょうか？　すると、アリスは間髪を入れずに言いました。

「憎悪は憎悪を生むだけです。わたしは悪を知っています。けれど、常に善を求めるようにしています」

ありきたりな言葉に聞こえるかもしれませんが、アリスの口から出たその言葉に、わたしはほんとうに深い意味を感じとりました。ホロコーストや広島や長崎の原爆投下という、耐えがたい現実が思い出に焼き付かれたからこそ、一九四五年以降、アリスは〝赦し〟を胸に、前だけを見つめて進み、憎悪の心を持たずに暮らすことを何よりも大事な人生の指針としてきたのです。偉大なユダヤ教のラビ（指導者）であるレオ・ベックの崇高な教えをアリスは胸に刻んでいました。

一九四五年五月八日、ソ連軍はテレジエンシュタット強制収容所を解放しました。とてつもない数のユダヤ人たちが、一斉に歓声をあげてソ連軍を歓迎し、ナチの兵士たちへの報復を迫りました。しかし、兵舎から出てきたレオ・ベックのひとことで、人びとは静まったのです。その歴史に残るひとことは、「殺してはならぬ！」でした。

怒りに燃えた群衆の中に立ち、アリスは自分と息子が生き延びたことをありがたく思いながら、友であるベック師の力強いひとことが、囚人だった人びとに及ぼした影響の大きさをじっと見つめていました。ほんのいっとき前には、素手でナチの兵士たちを殺そうとしていた人びとが、次第に静かになり、散っていったのです。人間性のすばらしさに心うたれる瞬間でした。のちにアリスは、それが自分にとって、未来への大きな転機の瞬間だったと言いました。

大戦のすぐあとで、アリスはレオ・ベックのもとを訪れ、いかにして戦争の傷跡を癒し、新しい生活を建て直していけばよいかをたずねました。偉大なるラビはこう答えました。

「あなたの心に愛と正義を持つことです」

抑えきれない怒りや憎しみから解き放たれるためには、赦しの心を持たねばなりません。赦すことによって、心に余裕と自由が生まれ、それからの人生を、実りあるものにすることができるでしょう。ベック師は復讐は神のなすべき業であり、人間には許されないと信じていました。

「赦しを得た者たちは、自身で罪を贖うべきである」

ベック師のこの考えを、アリスは今日の世界の人びとへのメッセージとして次のように語ってくれました。

「わたしたちは、受けた傷も、偏見も、不正義をも乗り越えて、前に進まなくてはなりません。さもなければ、人を殺す戦争は決してなくならないでしょう」

アリスはわたしの導き手であり、女神でもありました。アリスにとって、知ること、学ぶことは、天からの賜でした。彼女の手を見て、その手が、かつてショパンの手に触ったことのある、彼女のピアノ教師の手に触れた手だと知ったときは、感動に震えたものです。アリスはもうこの世にはいません。けれども、その卓越した人間性に溢れる人生は、アリスを不滅の存在にしました。わたしはこれからもずっと、彼女をなつかしく思い、忘れることはないでしょう。

キャロライン・ステシンジャー

二〇一四年六月十三日

謝　辞

とにもかくにも、アリス・ヘルツ＝ゾマーには大変お世話になりました。この本が彼女の人生をきちんととらえて、彼女がわたしに与えてくれたすばらしい勇気と刺激のほんの一部でも、読者に伝わればと願うばかりです。

深い感謝の気持ちを伝えたい友人がたくさんいます。この本を書くようにすすめてくださったマリオン・ヴィーゼル、惜しみなく多大な協力をしてくださったエリ・ヴィーゼルとヴァーツラフ・ハヴェル大統領、フォーラム二〇〇〇とプラハ安全保障委員会の実行委員長のオルドリッチ・チェルニー。チェルニーには、ミハル・マレシュの人生について、埋もれていた資料を発見し、翻訳していただきました。ウィラード・ゲイリン博士には、生涯にわたって、知的なサポートと勇気づけをいただきました。

ロンドン、ニューヨーク、イスラエルにいるアリスの友人たち、かつての教え子たち、親戚の方々には、この六年間、わたしの訪問を気持ちよく受け入れて、インタビューに応じていただきました。いただいた情報やご意見が、どれだけ役に立ったかは言うまでもありません。

さらに、歴史家であり、ドキュメンタリー・フィルム・ディレクターのルーカス・プリビルには、テレジン古文書館で資料の検索をしていただきました。ヨザ・カラスには、一九七〇年代に、イスラエルでアリスにインタビューしたときのテープによる取材資料を貸していただきました。チェコの音楽学者のミラン・クーナには、いろいろ教えていただきました。故カレル・ベルマンとポール・サンフォーアには、長時間、微妙な内容の話をしていただき、おふたりの正確な記憶力に助けられました。ポリー・ハンコックには、魅力的な写真を撮っていただきました。ソフィア・ロソフの深い洞察力に感謝いたします。アーノルド・クーパー博士にはサポートをいただきました。故ヴィクトル・フランクルとハンス・モルゲントには、思い出を語っていただきました。エヴァ・ヘイラーには、絶え間ない勇気づけと熱意をいただきました。フェリックス・ヴェルチの伝記作者、カールステン・シュミットには、エルサレムのヘブライ大学の古文書部でレオポルト・ゾマーの手紙を見つけ、翻訳していただきました。美しい写真を撮ってくださったユーリ・ドイチに感謝いたします。ローラ・シーゲルは、すばらしい助手でした。多大な協力をくださった次の方々に御礼申し上げます。ハイム・アドラー、マーティン・アンダーソン、ジークリット・バウシンガー博士、ラルフ・ブルーメノ、クレメント・ダレッシオ、ジャクリーン・ダンソン、ルース・ボロノフ・ダンソン、ユーリ・ドイチ、ルシンダ・グローヴズ、ズデンカ・ファントローヴァ、カーチャ・クラソワ、アニタ・ラスカー＝ヴァルフィッシュ、アニー・ラザー、ヒルデ・リモンジャン、ニュリット・リンダー、アンソニー・ロプレスティ、デイヴィッド・ローヴェンヘルツ、エスター・マロン、キース・メントン、エドナ・モア、リー・ニーマン、ヴァレリー・ルーベン、ローレンス・シラー、メイラ・シャハム、アラン・スコルニコフ博士、コニー・スティーンスマ、ジェナヴィエーヴ・トゥリエール＝ゾマー、ロビン・トムリンソン、エラ・ヴァイスベルガー、そして、ミヒャエル・ジャントフスキー・チェコ大使。

この本は、次の方々に限りない感謝の気持ちを表さずには完璧なものとは言えません。エージェントであり友人であるマーリー・ルソフは、わたしを信頼して、サポートしてくださいました。出版人であり編集者のシンディ・スピーゲルは、この企画の成功を信じ、すばらしい編集をしてくださいました。ローナ・オーウェンの洞察力と絶え間なき激励に感謝します。最後に、愛する娘、アンナ・エリザベス・ステシンジャーに感謝し、この本を捧げます。

キャロライン・ステシンジャー

訳者あとがき

『アリスの奇跡――ホロコーストを生きたピアニスト』は、タイトルを見ただけでもその内容をある程度予想できるかもしれませんが、これはホロコーストの恐ろしさやおぞましさを語るために書かれた本では決してありません。アリスの人生の智恵の詰まった、美しく生きるための書であると言ったほうがふさわしいと思います。

本書の作者キャロライン・ステシンジャーは作家であるだけでなく、ピアニストであり、映像作品のプロデューサーでもある多才な女性です。アメリカのニューヨーク在住なので、アリスがまだ存命中は、大西洋をぽんと越えて（もっと広い太平洋を越えないとアメリカへ行かれない日本人からすると、ぽんと越えて、と言いたくなるくらい身軽に）ロンドンに住むアリスの家をしばしば訪れて、二〇〇四年から二〇一一年まで取材を続けました。それが結実して本書となり、さらに二〇一四年に第八十六回アカデミー賞の短編ドキュメンタリー部門賞を受賞した「*The Lady in Number 6*

六号室の女性（アリスが住んでいたロンドンのアパートメントが六号室だった）」が作られたのです。

作者はピアニストとして、ホロコーストに関する音楽に大変興味を持っていました。特に、夫の祖父母が亡くなったテレジエンシュタットの収容所での音楽家たちの活動を知りたいと思っていました。そこで、テレジエンシュタットからの生還者であるアリス・ヘルツ＝ゾマーに話を聞くことにしたのです。

原書のタイトルは、*A Century of Wisdom, Lessons from the Life of Alice Herz-Sommer, the World's Oldest Living Holocaust Survivor* です。直訳すれば、「アリスの智恵、現存する世界最高齢のホロコースト生還者」となり、原書が出版された二〇一二年にはアリスはまだ存命だったのですが、二〇一四年二月、アリスが百十歳で亡くなったため、「現存する」という言葉はもはや使えなくなってしまいました。

けれど、ありがたいことに、アリスに直接会っている作者ステシンジャーさんはお元気なので、翻訳することが決まった段階から、わたしは作者と連絡をとり、メール交換を始め、本には書かれていないアリスのことをいろいろ教えていただけるという幸運に恵まれました。貴重な写真の提供だけでなく、実は日本の読者は、原書にはないすばらしい特典を作者からいただいているのです。最初の「日本の読者のみなさんへ」と終わりにある「結びにかえて――〝赦す〟ということ」は、作者からのメッセージです。これらは、作者から今回特別に送っていただいたものです。

作者によれば、原書はこれまでに二十六ヶ国語に訳されているそうですが、この日本語版にしかこれらのメッセージはないと思います。

最後のほうにある「アリスの言葉」は、一見、どれもごくシンプルで、すっと頭に入ってくる言葉ばかりですが、本書を読んでから、改めてその言葉に接すると、その深みに圧倒される思いがすることでしょう。また、第三楽章の終わりの文も、忘れられない印象的な言葉ではないでしょうか。

「わたしはユダヤ人、宗教はベートーヴェンよ」

アリスはいつも「音楽はわたしたちの食べ物です」と言っていました。百十年間の人生で、音楽をあきらめたことは一度もありませんでした。音楽があったからこそ、生きられたのです。ですから、この本の中には音楽が満ちあふれています。アリスの息子ラフィは優れたチェリストで、一九六三年のミュンヘン国際チェロ・コンクールでは、第一位なしの第二位をもうひとりのチェリストと分け合いました。そのチェリストとは、日本が誇るチェリスト堤剛さんでした。最近になって、テレジエンシュタットでの音楽が新たに光を浴びはじめ、当時演奏された曲のCDやDVDが出ました。その中には、あの子どもたちのためのオペラ〈ブルンディバール〉の曲も入っています。

今年（二〇一五年）は、アウシュビッツ強制収容所の解放七十周年にあたります。これを機に、「憎悪は憎悪を生むだけです」というアリスの言葉をもう一度かみしめたいと思います。

最後になりましたが、原書のすばらしさに目を留めて、翻訳を依頼してくださった悠書館の長岡正博様、ほんとうにありがとうございました。本書を読んでくださったみなさんが、「友だち作りの天才」だったアリスの日本の友人になってくださいますように。

谷口由美子

二〇一五年春

アリス・ヘルツ＝ゾマー年譜

年	歳	アリス関連の出来事	関連事項
一九〇三	0	十一月二十六日、フリードリッヒ・ヘルツとゾフィー・ヘルツの娘としてプラハに生まれる。	
一九〇七	4	ウィーンで、マーラーが自作の交響曲第2番を指揮したコンサートを聴く。	
一九一〇	7	はじめてピアノのレッスンを受ける。	
一九一一	8	フランツ・カフカとはじめて会う。	第一次世界大戦（一九一四年〜一九一八年）。チェコスロヴァキア共和国建国宣言。マサリクを大統領に選出（一九一八年）。
一九三一	28	レオポルト・ゾマーと結婚。	ヒトラー率いるナチ党、政権を握る（一九三三年）。
一九三七	34	長男シュテパン（ラフィ）誕生。	
一九三九	36	アリスの姉たちがプラハを出立。	ドイツ軍、チェコへ侵攻（一九三九年）。
一九四〇	37	ヴァラシュタイン家でヴィクトル・ウルマンの新作を演奏。	アイヒマンが「最終解決策」を発表（一九四一年）。
一九四二	39	アリスの母、テレジエンシュタットに送られる。	
一九四三	40	アリス・ゾマー一家、テレジエンシュタット収容所へ。アリス、ユダヤ人評議会から演奏の依頼を受ける。国際赤十字の視察団の前で、ヴェルディのレクイエムを演奏、アリスはピアノの伴奏を務める。	ドイツ、テレジンをテレジエンシュタットと改名し、モデル収容所とする（一九四三年十一月二十四日）。
一九四四	41	九月二十八日、夫レオポルト、アウシュビッツ収容所に送られる。	国際赤十字のテレジエンシュタット視察（一九四三年六月二十三日）。

一九四四	41	三月二十八日、夫レオポルト、ダッハウ収容所で死去。七月、アリス、ラフィとともに解放され、プラハに戻る。	ソ連軍、テレジエンシュタットを解放（一九四五年五月八日）。ドイツ軍降伏、プラハ解放（一九四五年五月）。
一九四九	46	三月、息子のラフィとともにイスラエルへ移住。後のイスラエル首相ゴルダ・メイアとはじめて会う。	
一九五四	51	ラフィ、名チェリストのポール・トルトゥリエのレッスンを受ける。	
一九五八	55	ラフィ、パリ音楽院へ入学。	
一九六一	58	アイヒマン裁判の傍聴に招かれる。	
一九六五	62	ラフィ、マールボロ音楽祭で、パブロ・カザルスの指揮で演奏。	ゴルダ・メイア、第5代イスラエル首相に就任（一九六九～七四年）。
一九八六	83	アリス、ロンドンへ移住する。乳がんが発見されるが、手術で除去。	ビロード革命により、チェコの共産党一党独裁が終わる。ヴァーツラフ・ハヴェルが大統領に就任（一九八九年）。
二〇〇一	98	十一月十三日、ラフィ、死去（享年64歳）。	
二〇〇二	99	ピアニストで指揮者のダニエル・バレンボイムの訪問を受ける。	
二〇一四	110	二月二十三日、アリス死去。	

参考文献

Arendt, Hannah. *Eichmann in Jerusalem: A Report on the Banality of Evil*. New York: Penguin, 1977.

Bascomb, Neal. *Hunting Eichmann*. New York: Houghton Mifflin, 2009.

Bernstein, Leonard. *Findings*. New York: Simon & Schuster, 1982.

Brod, Max. *Franz Kafka: A Biography*. Translated by G. Humphreys Roberts and Richard Winston. New York: Da Capo Press, 1960.

Bryant, Chad. *Prague in Black: Nazi Rule and Czech Nationalism*. Cambridge, Mass.: Harvard University Press, 2007.

Elon, Amos. *The Pity of It All: A Portrait of the German-Jewish Epoch, 1742-1933*. New York: Henry Holt, 2009.

Fantlova, Zdenka. *The Tin Ring: How I Cheated Death*. Translated by Deryck Viney. Newcastle upon Tyne, U.K.: Northumbria Press, 2010.

Frankl, Victor E. *Man's Search for Meaning*. Translated by Else Lasch, Harold Kushner and William J. Winslade. Boston: Beacon Press, 1959.

Garrett, Don, ed. *The Cambridge Companion to Spinoza*. New York: Cambridge University Press, 1996.

Gilbert, Martin. *A History of the Twentieth Century: Volume II: 1933-1951*. New York: William Morrow, 1999.

——. *The Holocaust: A History of the Jews of Europe During the Second World War*. New York: Holt, Rinehart and Winston, 1986.

——. *Israel: A History*. New York: William Morrow and Company, 1998.

——. *The Righteous: The Unsung Heroes of the Holocaust*. New York: Henry Holt, 2003.

Goldsmith, Martin. *The Inextinguishable Symphony: A True Story of Music and Love in Nazi Germany*. New York: John Wiley & Sons, 2000.

Goldstein, Rebecca. *Betraying Spinoza: The Renegade Jew Who Gave Us Modernity*. New York: Schocken Books, 2006.

Herzl Theodor. *The Jewish State*. New York: Dover Publications, 1988.

Kafka, Franz. *The Castle*. New York: Schocken Books, 1998.
——. *Dearest Father*. Translated by Hannah and Richard Stokes. Surrey, U.K.: One World Classics, 2008.
——. *Diaries 1910-1923*. Translated by Joseph Kresh and Martin Greenberg, with the cooperation of Hannah Arendt. New York: Schocken Books, 1948.
——. *Letters to Friends, Family, and Editors*. Translated by Richard and Clara Winston. New York: Schocken Books, 1977.
——. *The Metamorphosis*. Translated by Stanley Corngold. New York: W. W. Norton & Company, 1972.
——. *The Trial*. Translated by Breon Mitchell. New York: Schocken Books, 1998.
Karas, Joža. *Music in Terezin, 1941-1945*. Stuyvesant, N. Y.: Pendragon Press, 1990.
Kennedy, John F. *Why England Slept*. Garden City, N. Y.: Dolphin Books, 1962.
Klima, Ivan. *The Spirit of Prague*. Translated by Paul Wilson. New York : Granta Books, 1974.
Kuna, Milan. *Hudba na hranici života (Music on the Edge of Life)*. Naše vojsko —— Český svaz protifašistických bojovníků. Praha, 1990.
Kurz, Evi. *The Kissinger Saga: Walter and Henry Kissinger, Two Brothers from Furth, Germany*. London: Weidenfeld & Nicolson, 2000.
Lang, Jochen von, editor. *Eichmann Interrogated: Transcripts from the Archives of the Israeli Police*. Translated by Ralph Manheim. New York: Farrar, Straus & Giroux, 1983.
Levi, Erik. *Music in the Third Reich*. London: Macmillan, 1994.
Levi, Primo. *Survival in Auschwitz*. Translated by Stuart Wolf. New York: Simon & Schuster, 1996.
Lipstadt, Deborah E. *The Eichmann Trial*. New York: Schocken Books, 2011.
Malkin, Peter Z., and Harry Stein. *Eichmann in My Hands*. New York: Warner Books, 1990.
Meir, Golda. *My Life*. New York: G. P. Putnam's Sons, 1975.
Meir, Menahem. *My Mother Golda Meir*. New York: Arbor House, 1983.
Miller, James. *Examined Lives: From Socrates to Nietzsche*. Farrar, Straus and Giroux, 2011.

Muller, Melissa, and Reinhard Picchocki. *A Garden of Eden in Hell.* Translated by Giles MacDonogh.

Newman, Richard, with Karen Kirtley. *Alma Rose: Vienna to Auschwitz.* Portland, Ore.: Amadeus Press, 2000.

Rilke, Rainer Maria. *Letters to a Young Poet.* Translated by M. D. Herter. New York: W. W. Norton, 1954.

Robertson, Ritchie. *Kafka.* New York: Sterling, 2010.

Saint-Exupéry, Antoine de. *Wind, Sand and Stars.* Translated by Lewis Galantiere. New York: Harcourt, 1939.

Sackerson, Edward. *Mahler.* New York: Omnibus Press, 1933.

Taubman, Howard. *The Maestro: The Life of Arturo Toscanini.* New York: Simon & Schuster, 1951.

Tortelier, Paul, and David Blum. *Paul Tortelier: A Self-Portrait.* London: William Heinemann, 1984.

Wallfisch-Lasker, Anita. *Inherit the Truth: A Memoir of Survival and the Holocaust.* New York: St. Martin's Press, 2000.

Wiesel, Elie. *Ani Maamin: A Song Lost and Found Again.* Translated from the French by Marion Wiesel. New York: Random House, 1973.

——. *Memoirs: All Rivers Run to the Sea.* New York: Alfred A. Knopf, 1995.

Zweig, Stefan. *The World of Yesterday.* New York: Viking Press, 1943.

注

前奏曲
6
「焚書をするところ」：ハインリッヒ・ハイネ『アルマンゾー：ひとつの悲劇』1823年、グラハム・ヴァルト訳（真の宗教、2003年）142ページ

7
ラファエル（愛称ラフィ）：アリスは息子にベドリッチ・シュテパン・ゾマーと名づけたが、シュテパンと呼んでいた。アリスと11歳になった息子がイスラエルに移住したとき、名前をラファエルと変えた。本書では、現在アリスが使っている呼び名のラファエルまたはラフィを使用している。赤ん坊のときの彼の話をするときも、アリスはラフィと言い、決してシュテパンとは言わない。

10
「暴力に対するわたしたちの答えは、音楽です」：レナード・バーンスタイン『見つけたもの』（ニューヨーク、サイモン＆シュスター、1982年）218ページ

13
「賢きは」：エピクテトゥス、ロイド・アルバート・ジョンソンの『人間性の道具箱：九千年以上の思想』（トラフォード・パブリッシング、2006年）158ページ

第1楽章　アリスとフランツ・カフカ
17〜18
「だれかがジョーセフを虚偽告発したに違いない」：フランツ・カフカ『審判』ブレオン・ミッチェル訳（ニューヨーク、ショッケン・ブックス、1998年）3ページ

18
「ある朝、グレゴール・ザムザはいやな夢から覚め」：フランツ・カフカ『変身』スタンリー・コーンゴールド訳（ニューヨーク、W・W・ノートン、1996年）3ページ

「Kがやってきたのは、もう夕方近い頃だった」：フランツ・カフカ『城』マーク・ハーマン訳（ニューヨーク、ショッケン・ブックス、1998年）1ページ

「わたしはほんとうに優柔不断な男だ」：ロナルド・ヘイマン『フランツ・カフカの伝記』（オックスフォード・ユニヴァーシティ・プレス、1982年）

「わたしは、法の世界でずっとで働くつもりなど……」：マックス・ブロート『フランツ・カフカ、ひとつの伝記』G・ハンフリーズ・ロバーツ＆リチャード・ウィンストン訳（ニューヨーク、ダ・カーポ・プレス、1995年）249ページ。この言葉は、カフカが書いた以下の短いレジュメの最後にある。

レジュメ
わたしは、1882年7月3日、プラハで生まれた。アルシュタッテル小学校に四年生まで通い、その後、アルシュタッテル・ドイツ・ギムナジウムに入学した。18歳で、プラハのドイツ・カール・フェルディナント大学（カレル大学）で学び始めた。最終試験を通ったのち、1906年4月1日、アルシュタッテル・リンクにある、リヒャルト・ロウイ弁護士事務所に見習いとして就職した。6月、歴史の口頭試験を受け、同月、法学博士の称号を得て、大学を卒業した。
弁護士事務所との約束では、一年間経験させてもらうためだけに就職したので、法の世界でずっと働くつもりなど初めからまったくなかった。1906年10月1日、わたしは事務所で働きはじめ、1907年10月1日にやめた。
フランツ・カフカ

19
「わたしは……わかりません」：同上、26ページ

20
「いかにもカフカらしかった」：同上、107ページ

21
「そういう人がいさえすれば」：同上、196ページ。その箇所の全文は、「完全にわたしを理解してくれる人などここにはいない。ぼくが望むような理解のある人、たとえば女性、そういう人がいさえすれば……ぼくは神をいただいたようなものだ」

22
「あんなに美しい手を」：同上、196ページ

「これが……始まりだった」：同上、196ページ

第2楽章　寛容なる心

32
「名誉ある平和」：ネヴィル・チェンバレン、1938年9月30日、ヘストン・エアロドロームとダウニング街10番地におけるスピーチより。ジェイムズ・クシュマン・デイヴィスの『人間の歴史：石器時代から今日までのわたしたちの

歴史』（ニューヨーク、ハーパーコリンズ、2003年）326ページ

34
「ボヘミアとモラヴィアにいるユダヤ人たち」：デトラー・ミュルベルガー博士『テレジンのゲットーの概略史』（オックスフォード、1988年）http：//www.johngoto.org.uk/terezin/history.html. ロナルド・H・イサース＆ケリー・M・オリツキー『ユダヤの歴史の批評研究：原資料集』（ノースヴェイル、N. J.：ジェイソン・アロンソン・インク）38-48ページ

第3楽章　ジャガイモの皮をむきながら

45
「……という非難が多々あるのはわかっています」：オリアナ・ファラチのインタビュー、「ミズ」誌（1973年4月）、76ページ

52
「音楽のことはあまりわかりませんが」：メナヘム・メイア『母、ゴルダ・メイア』（ニューヨーク、アーバー•ハウス•パブリッシング•カンパニー、1983年）46ページ

「人はその資力に応じて、闘い……義務があります」：ハワード・トーブマン『マエストロ、アルトゥーロ・トスカニーニの生涯』（ニューヨーク、サイモン＆シュスター、1951年）224ページ

「人間性を守るためにやっていることですから」：同上、227ページ

54
「トスカニーニやほかの才能あふれる芸術家たちが」：メナヘム・メイア『母、ゴルダ・メイア』（ニューヨーク、アーバー・ハウス・パブリッシング・カンパニー、1983年）46ページ

「まるで教会へ行くように」：同上、45ページ

第5楽章　新たな始まり

72
「二度と家には戻れない」：『二度と家には戻れない』、アメリカ、ノース・キャロライナ州出身のトーマス・クレイトン・ウルフ（1900〜1938）の本。没後の1940年に、ハーパー＆ブラザーズから出版された。最後にウルフは書く。「もはやあなたは戻れない。家族のもとへも、子ども時代のふるさとへも……名声へも……華やかな夢に溢れた若き時代へも、故国のなつかしい場所へも帰れな

い。かつてはずっと続くと思っていた体制や社会組織も、今やしょっちゅう変わっていく。ふるさとへ帰って、なつかしい時代と思い出にふけることなどできはしない」

ウルフの本は、ドイツでベストセラーになった。文学界の巨人となり、ミルドレッド・ハルナックと特別親しかった。ミルドレッドはドイツ人の夫アルヴィドと共に、反ナチの友人たちや昔の大学仲間と抵抗組織を結成した。ナチはその組織を「赤いオーケストラ」と呼んだ。1936年、ウルフはベルリンへ最後の旅をし、オリンピックを見学した。そのとき、ユダヤ人に対する残虐な行為を目撃した。ミルドレッド・ハルナックに刺激を受けて、その体験を短編小説「語りたいことがあります」に書いた。それは、「ニュー・リパブリック」誌に掲載された。1937年3月10日、17日、24日に3部に分けて掲載されたその小説を読んだナチは、ウルフの本を禁書処分にし、彼の国外渡航を禁じた。アルヴィド・ハルナックは逮捕され、1942年12月に処刑された。ヒトラーの命により、ウィスコンシン州出身のアメリカ人、ミルドレッドは、1943年初頭、プロツェンゼー監獄で首をはねられた。

79
「革命軍や、プラハ郊外から」: ミハル・マレシュ「ドネシェック1」、プラハ、1946年7月11日

79～80
「ほんものの自由があるとしたら」: ミハル・マレシュ『わたしは共和国の周辺にいた』オルドリッチ・チェルニー訳(プラハ、アカデミア・プレス、2009年)

85
彼はラフィを養子にしたい:マレシュの自伝(同上)の編者、パヴェル・コウカルによれば、マレシュは、「将来はアリス・ヘルツ=ゾマーのそばで暮らし、アリスの息子ラフィを養子にしたいと思っていた」そうだ。同書の177ページで、コウカルは、1947年8月21日の、アイヴァン・バンバ=ボルからマレシュに宛てた手紙を引用している。バンバ=ボルは、マレシュを、プラハから40キロの町、クトナ・ホラへ招待し、講演を頼んでいる。そして、マレシュがアリスを伴ってくると期待して、講演のあとにアリスにコンサートを依頼している。

第6楽章　ブリキのスプーン

88
「音楽は愛だ、愛は音楽だ」: メリッサ・ミュラーとラインハルト・ピエチョッキ『地獄のエデンの園』(英語版タイトル "Alice's Piano", ジャイルズ・マクドノ訳(ロンドン、マクミラン、2006年)67ページ

91
デイジーにとってはそこまで恐ろしいものではなかったろう：同上、80 ページ

97
「シュテパンだけがちょっと風邪気味です」：レオポルト・ゾマー、カールステン・シュミット訳、ウィリーとフェリックス・ヴェルチへの手紙。イスラエル、エルサレム・ヘブライ大学（JNUL）古文書 418、フェリックス・ヴェルチ、1940 年 2 月 26 日

99
「愛は、お互いを見つめるまなざしの中にあるのではなく」：アントワーヌ・サン＝テグジュペリ『風、砂、星』ルイス・ガランティエール訳（ニューヨーク、ハーコート、1939 年）73 ページ

第 7 楽章　もう歳だなんて言わない

107
いわゆる普通の大学ではなく：ラルフ・ブルーメノ、ロンドン、アマゾン・コム、ラルフ・ブルーメノのプロフィールより

110
「音楽のない人生は」：フリードリッヒ・ニーチェ『偶像の黄昏』（1895 年）ウォルター・カウフマン &R・J・ホリンデイル訳、マクシムズ & アロウズ、33 パラグラフ

第 8 楽章　音楽はわたしたちの食べ物

121
「当然、あなたは」：ティム・スミス、「ボルティモア・サン」誌、2010 年 10 月 2 日

122
大勢の歳とった病人たちの中に：イヴァン・クリマ『プラハの精神』ポール・ウィルソン訳（ニューヨーク、グランタ・ブックス、1993 年）22 ページ

128
「ショパンが乗り移ったかのようだ」：『テレジンの音楽、1941 ～ 1945』（スタイブサン、ニューヨーク、ペンタゴン・プレス、1990 年）172 ～ 73 ページ

129
アリスは、パヴェル・ハースの〈三つの中国の歌〉を思い出して：パヴェル・

ハースが収容所で、中国の詩を基にして歌を作っていたとき、弟の俳優ヒューゴは、ハリウッド映画でグレゴリー・ペックと主役を張っていた。ハースはアウシュビッツで亡くなったが、ヒューゴは戦争前に非ユダヤ人の妻とカリフォルニアへ逃げ、晩年はちょい役をしながら、多くの映画に出演した。

第 10 楽章　スナップ写真
147
「ドイツの知識層を勘違いに陥らせたのだ」：シュテファン・ツヴァイク『昨日の世界』（リンカーン、ネブラスカ大学出版、1964 年）362 ページ

「やがてドイツ帝国議会の火事で」：同上、364 〜 65 ページ

151
「思い出は魂の軌跡です」：アリストテレス、ジョン・ベイツ『道徳的、宗教的真実の絵事典』（ロンドン、エリオット・ストック、1865 年）583 ページ

第 11 楽章　ガラスの檻の男
159
「これは決して」：ゴルダ・メイア『わたしの人生』（ニューヨーク、G.P. パットナムズ・サンズ、1975 年）179 ページ

「被告が、すべての人類から」：エリ・ヴィーゼル『そしてすべての川は海へ』マリオン・ヴィーゼル訳（ニューヨーク、ショッケン・ブックス、1995 年）348 ページ

161
「わたしは……責任を果たしただけです」：アドルフ・アイヒマンの裁判、エルサレム地方裁判所の審議録、5 巻、イスラエル古文書館、1995 年、1982 ページ

「だが、その子はユダヤ人だったじゃないか」：ペーター・Z・マルキン & ハリー・スタイン『手中におさめたアイヒマン』（ニューヨーク、ウォーナー・ブックス、2000 年）110 ページ

“仲介人”：アドルフ・アイヒマンの裁判記録、『世界の大きな裁判』エドワード・W・ナップマン（ミシガン州キャントン、ヴィザブル・インク、1997 年）132 〜 337 ページ

162

「目を離すことができなかった。……」: ヴィーゼル『そしてすべての川は海へ』347 ページ

「わたしは……やっていません」: アドルフ・アイヒマンの裁判記録『世界の大きな裁判』エドワード・W・ナップマン（ミシガン州キャントン、ヴィザブル・インク、1997 年）132 ～ 337 ページ

「今思えば」: ロジャー・コーエン「なぜだ？　新アイヒマン・ノートは語る」ニューヨークタイムズ、1999 年 8 月 13 日。コーエンは書く。「（アイヒマンは）収容所の割り当てを完璧にできなかったことをさかんにこぼしていた。また、すべてのユダヤ系フランス人を収容所へ送れなかったこと、イタリア人に協力を求めたが、ときどきそれがうまくいかなかったことも。1944 年の後半、彼はユダヤ系ハンガリー人の殺りくにおいて、主導権を握っていた。その年の 8 月、400 万人のユダヤ人がガス室で亡くなり、さらに、東ヨーロッパで、ナチの移動殺りく隊によって、200 万人が亡くなったと述べた。しかし、証言のどんな場合においても、のちにホロコーストとして知られるようになった、ユダヤ人殺りくの計画や組織や実行について、彼はまったくためらいや悔恨の情を見せなかった」

163
「法律的にはノーです。ただ」: アドルフ・アイヒマンの裁判記録『世界の大きな裁判』エドワード・W・ナップマン（ミシガン州キャントン、ヴィザブル・インク、1997 年）132 ～ 337 ページ

「わたしは晴ればれと自分の墓に入るでしょう」: 同上、132 ～ 337 ページ

“悪の凡庸”: ハンナ・アーレント『エルサレムのアイヒマン：悪の凡庸について』（ニューヨーク、ペンギン、1977 年）252 ページ

163 ～ 164
「悲しいのは」: 同上、276 ページ。「（アーレントは）アイヒマンが裁判ではっきりとものを言えなかったのは、考える力の欠如、また、他人の立場に立って考えられないことによるものだと結論づけた。彼の浅はかさは、愚かさとは別ものである。彼が体現しているものは、憎悪、狂気、血への狂った飢えなどではなく、もっと恐ろしいものだ。それは、異常な軍団が作る閉塞した環境の中ではびこってきた、ナチの顔のない悪だ。それに犯された者たちは、人間らしさを奪われてしまったのである。ナチは、法的な理由をその者たちの頭に植え付け、新たな“正義”という、間違った、邪悪な根拠を与えることに成功した。ナチの第三帝国では、悪は、それまで人々の認識にあった、はっきりとした意

味を失ってしまったのだ。ナチは悪を正当なものと新たに位置づけた。伝統的な善は、単なる誘惑にすぎなくなり、ほとんどのドイツ人たちは、それを受け入れなくなってしまった。この善悪がさかさまになった世界で、アイヒマン（その40年後のポルポトも同様だ）は、自分が悪を行なっていることにまったく気づかなかった。ごく初歩的な道徳的なことでさえ、それまで当たり前に本能によって行なわれてきたことが、当たり前に行なわれなくなった」エイモス・エロンによる序より。xiii ページ

164
「不思議な相関関係」：同上、288 ページ

165
「自分自身を知りたければ」：エドガー・アルフレッド・ボウイング『フリードリッヒ・シフー』（ロンドン、ジョン・W・パーカー＆サン）1851 年

166
「他の人びとが言っていることを言っただけ」：マックス・ブルッフ、エステラ・ヘンシェルへの手紙、音楽古書学者のウルリッヒ・ドリュナー博士（シュトゥットガルト、カタログ 65、2009 年）23 ページ

第 12 楽章　きつい言葉は一切なし
175
「シンプルな生活を始めました」：ポール・トルトゥリエ＆デイヴィッド・ブルム『ポール・トルトゥリエ：自画像』（ロンドン、ウィリアム・ハイネマン、1984 年）112 ページ

178
「ヨハン・セバスチャン・バッハの芸術は」：同上、24 ページ

第 13 章　初めての飛行
187
「イスラエルはここに建国されました」：ゴルダ・メイア『わたしの人生』（ニューヨーク、G.P. パットナムズ・サンズ、1975 年）228 ページ

「イスラエルよ！……ああ、わたし」：同上、226 ページ

「イスラエルは、ユダヤ人の」：同上、227 ページ

「バーゼルで、わたしはユダヤ国家を」：同上、226 ページ

「おそらく五年後」：同上、226 ページ

189
「世界の人々がお互いを知り」：ダニエル・バレンボイム、http：//www.west-eastern-divan.org/the-orchestra/daniel-barenboim.

193
「あなたの心の未解決の問題を」：ライナー・マリア・リルケ『若い詩人への手紙』M.D. ヘルテル訳（ニューヨーク、W.W. ノートン、1934 年）27 ページ

第 14 楽章　ピアノ教師アリス

200
「わたしは神を讃え」：ジョーゼフ・マキリス『音楽の楽しみ』（ニューヨーク、W.W. ノートン）

第 15 楽章　友だちの輪

234
ズデンカ・ファントローヴァ『ブリキの指輪：わたしが死を欺いたとき』、デリック・ヴィニイ訳（イギリス、ニューキャッスル・アポン・タイン、ノーサンブリア・プレス、2010 年）35 ページ

コーダ　アリスの現在

243
「芸術は、真実のきらめきに魅了されて」：マックス・ブロート『フランツ・カフカ』

「書くことは祈りだ」：同上、214 ページ

247
「沈黙の神こそ」：エリ・ヴィーゼル『アニ・マーミン』マリオン・ヴィーゼル訳（ニューヨーク、ランダム・ハウス、1973 年）87 ページ

「存在の調和の中にあらわれるスピノザの神こそが」：アルベルト・A・マルティネズ『科学の秘密：ダーウィンのフィンチ、アインシュタインの妻、その他の不思議』（ピッツバーグ、ピッツバーグ大学出版、2011 年）

253
「われわれの時代までに」：ツヴァイク『昨日の世界』

「われわれが深い恩義を感じるのは」：同上

「決して壊れない」：「人は己の内に決して壊れないものを持ち、それを信じられなければ、生きられない」ブロート『フランツ・カフカ』、214ページ。ブロートによれば、「この一文で、カフカは自分の宗教的立場を確立したのである」

著者：Caroline Stoessinger（キャロライン・ステシンジャー）
ピアニスト。ニューヨークのカーネギー・ホール、リンカーン・センター、メトロポリタン美術館、東京のコンサートホールや、ホワイトハウス、チェコのプラハ城などで演奏。また、国際的なテレビ番組や公共イベントのために脚本を手がけ、制作。それには、ワシントンD.C.のアメリカ・ホロコースト博物館にシンドラーのヴァイオリンが捧げられたときの番組や、ニューヨークで初めて上演された「ブルンディバール」の公演などがある。ジョン・ジェイ・カレッジの芸術研究員と教授、ニューベリー・オペラハウスでニューベリー室内楽団の芸術監督、モーツァルト・アカデミーの理事長を務めている。
本書は、2004年から2011年まで、ロンドンに住むアリスを取材して上梓されたもの。また、この取材がもととなって、2014年、第86回アカデミー賞の短編ドキュメンタリー部門賞を受賞した“The Lady in Number 6”（「6号室の女性」）がつくられた。

訳者：谷口由美子（Yumiko Taniguchi）
翻訳家。上智大学外国語学部英語学科卒業。アメリカに留学後、児童文学の翻訳を手掛ける。著書に『大草原のローラに会いに――小さな家をめぐる旅』（求龍堂）、訳書に『長い冬』など「ローラ物語」5冊、『あしながおじさん』（以上、岩波書店）、『ローズの小さな図書館』（徳間書店）、『秘密の花園』（講談社）、『青い城』『銀の森のパット』『パットの夢』（以上、角川書店）、『大草原のバラ――ローラの娘ローズ・ワイルダー・レイン物語』『ルイザ――若草物語を生きたひと』『わたしのサウンド・オブ・ミュージック』（以上、東洋書林）、『わかれ道』（悠書館）など多数。

アリスの奇跡

―ホロコーストを生きたピアニスト―

2015年8月10日　初版発行

著　者　キャロライン・ステシンジャー

訳　者　谷口由美子

装　幀　内藤正世（アトリエ・アウル）

発行者　長岡正博

発行所　悠　書　館

〒113-0033　東京都文京区本郷 2-35-21-302

TEL 03-3812-6504　FAX 03-3812-7504

http://www.yushokan.co.jp

印刷・製本：株式会社 理想社

ISBN978-4-86582-006-5

定価はカバーに表示してあります